이대열 선생님이 들려주는
뇌과학과 인공지능

어린이 과학 크로스 인문학
이대열 선생님이 들려주는 뇌과학과 인공지능

초판 1쇄 펴낸날 2018년 6월 11일
초판 10쇄 펴낸날 2025년 7월 23일

글	이대열
그림	전진경
펴낸이	홍지연

편집	홍소연 고영완 이태화 김지예 이수진
디자인	이정화 박태연 정든해 이설
마케팅	강점원 원숙영 김신애 김가영 김동휘
경영지원	정상희 배지수

펴낸곳	㈜우리학교
출판등록	제313-2009-26호(2009년 1월 5일)
제조국	대한민국
주소	04029 서울시 마포구 동교로12안길 8
전화	02-6012-6094
팩스	02-6012-6092
홈페이지	www.woorischool.co.kr
이메일	woorischool@naver.com

ⓒ이대열, 2018
ISBN 979-11-87050-58-2 73470

- 책값은 뒤표지에 적혀 있습니다.
- 잘못된 책은 구입한 곳에서 바꾸어 드립니다.
- KC 마크는 이 제품이 공통안전기준에 적합하였음을 의미합니다.

어린이 과학 크로스 인문학

이대열 선생님이 들려주는

뇌과학과 인공지능

글 이대열 | 그림 전진경

우리학교

여러분을 뇌과학과 인공지능의 세계로 초대합니다

저는 미국에 있는 존스홉킨스 대학교에서 사람과 원숭이의 뇌를 연구하는 이대열이라고 합니다. 멀리 있지만 책을 통해 여러분과 가까이 만날 수 있어서 무척 반가워요. 우리 서로 마음을 담아 인사를 나눠 볼까요?

"어린이 독자 여러분, 안녕하세요?"

"선생님, 안녕하세요?" 하고 제 인사에 대답하는 여러분의 활기찬 목소리가 여기까지 들리는 것 같네요.

자, 인사를 마쳤으니 바로 첫 번째 질문으로 들어가 볼까요? 여러분은 왜 이 책을 읽으려 했나요? 누가 재밌다고 읽어 보라고 했나요? 표지가 마음에 들어서? 아니면 제목을 보고 무슨 내용인지 궁금했나요?

이유가 뭐든 여러분은 많은 책들 중에 이 책을 선택해 읽기로 결정했어요. 만약 제가 이 책에서 앞으로 어떤 이야기가 펼쳐질지 간단히 일러 준다면 책을 계속 읽을지 말지 빨리 결정할 수 있겠죠? 요즘같이 할 일도 많고 재밌는 것도 많은 세상에 시간 낭비를 할 필요는 없으니까요.

그런데 저는 이 책에서 여러분이 어떤 책을 읽을지 말지 선택하고 결정하는 바로 그 마음에 대한 이야기를 하려 해요. 우리 몸에서 그 일을 책임지고 있는 건 다름 아닌 '뇌'지요.

여러분은 뇌가 무슨 일을 한다고 생각해 왔나요? 지식을 쌓는 일이라고요? 물론 역사책이나 과학책을 읽고 다른 사람의 질문에 잘 대답하는 것도 뇌의 중요한 능력이에요. 우리는 그런 능력이 뛰어난 사람들을 똑똑하고 지능이 높다고 말하곤 하죠. 하지만 인간의 뇌와 마음이 하는 일은 이보다 훨씬 더 다양하답니다.

예를 들어 흥미도 있고 내용도 좋은 책을 고르는 능력은 단순히 책 한 권을 읽고 이해하는 것보다 훨씬 더 어려운 일이에요. 사실 여러분이 꼭 쌓아야 할 지식이 무엇인지 지금은 알 수 없어요. 왜냐면 여러분이 나중에 어떤 상황에 부딪히느냐에 따라 필요한 지식이 달라지기 때문이죠. 그래서 책 내용을 암기하는 능력보다 나에게 필요한 좋은 책을 고르는 능력이 앞으로 여러분의 인생에서 훨씬 더 중요한 역할을 할 거예요.

여러분이 앞으로 살아가게 될 세상은 제가 살아온 세상과는 많이 다르겠죠? 하지만 그래도 변하지 않는 게 몇 가지 있을 텐데 그중에 하나는 여러분의 앞길에 수많은 선택이 기다리고 있다는 사실이에요. 오늘도 당장 잠들기 전까지 선택해야 할 것이 얼마나 많은지 한번 떠올려 보세요.

인간이 다른 동물보다 다소 똑똑한 면이 있다고 하지만, 살아가면서 끝없는 선택을 해야 하는 것은 모든 생명체들의 운명이랍니다. 인간들은 다만 좀 더 성능이 좋은 뇌를 갖고 있기 때문에 다른 동물보다 더 많은 능력을 발휘하는 것뿐이죠. 더군다나 앞으로 다가올 미래에는 인간의 뇌를 본떠 만들어진 인공지능과 힘을 합쳐 우리가 어떤 일을 할 수 있을지 아무도 모른답니다. 그러니 이 모든 것의 시작인 우리 뇌를 잘 알아 두어야 해요.

'똑똑하다.' '지능이 높다.'는 말이 무슨 뜻인지, 인간의 뇌와 컴퓨터는 어떻게 다른지, 미래에 인간과 인공지능 로봇이 사이좋게 지낼 수 있을지 궁금하지 않나요? 저는 이 책에서 그런 이야기들을 들려줄 거예요. 자, 저와 함께 책 속으로 들어가 여러분이 이 책을 펼친 게 정말 좋은 선택이었다는 걸 확인해 볼까요?

2018년 초여름
이대열

차례

1 인공지능 시대를 살아갈 친구들에게 ··· 11

다가올 미래를 상상하면 기분이 어떤가요? | 뇌의 비밀을 찾아라

2 개와 고양이 중에 누가 더 똑똑할까? ··· 19

똑똑하다는 건 뭐죠? | 뇌가 없는 생물에게도 지능이 있을까? | 숫자를 세는 파리지옥과 단세포 생물 대장균 | 문제 해결은 나에게 맡겨! | 높은 지능과 낮은 지능의 수수께끼 | 지능과 지능지수는 달라도 너무 달라

3 내 머릿속엔 왜 뇌가 있는 걸까? ··· 43

사라지지 않는 유전자의 비밀 | 신기하고 놀라운 세포 속 화학 공장 | 드디어 뇌가 등장하다

4 화성으로 간 인공지능과 땡땡이 부리는 뇌 ··· 55

화성 탐사 로봇, 미션을 수행하라 오버 | 우주로 간 인공지능 | 뇌의 주인을 찾습니다 | 일은 나누어 해야 제맛 | 땡땡이 부리는 뇌를 막아라

⑤ 똑똑! 뇌에서 보내는 고마운 신호들 ••• 73

뇌와 유전자가 맺은 비밀 계약 | 퍼즐 상자를 탈출하는 고양이 | 배고픈 생쥐와 목마른 생쥐 실험 | 똑똑! 뇌가 보내는 고마운 신호들 | 실망해도 괜찮아, 실수해도 걱정 마

⑥ 인공지능은 언제 인간을 따라잡을까? ••• 89

2045년의 내 모습 | 컴퓨터와 인간의 곱셈 대결 | 불을 켜는 스위치와 키스하는 시냅스 | 인공지능은 언제 인간을 따라잡을까? | 신기하고 놀라운 신경 세포 관찰 보고서 | 사과만 먹어 본 사람이 수박의 크기를 알까?

⑦ 세상을 촘촘히 연결하는 뇌와 지능 ••• 107

거울을 보는 까치와 거울 뒤를 보는 강아지 | 독심술로 나를 찾아라! | 우리는 모두 서로의 마음속에 있어 | 선택을 잘하기 위한 선택, 메타선택

⑧ 이야기를 마치며 ••• 121

1

인공지능 시대를 살아갈 친구들에게

다가올 미래를 상상하면 기분이 어떤가요?

여러분이 살아갈 세상은 지금까지와는 다를 거라는 이야기, 참 많이 들었을 거예요.

"너희는 나중에 인공지능 로봇이랑 경쟁해야 하니 정말 큰일이구나."

"이건 공부해도 되고, 저건 공부할 필요가 없을지도 몰라. 그런 직업은 전부 사라질 거고, 듣도 보도 못한 새로운 직업이 많이 생겨날 거다."

어른들이 하는 이런 이야기를 듣다 보면 괜히 마음이 불안하죠?

"사람보다 뛰어난 인공지능이 나온다는데 열심히 노력해서 뭐 해?"

어쩌면 이런 생각이 들었을지도 몰라요.

세계 최고의 바둑 기사 이세돌 9단을 이겼던 알파고를 보면 어떤 생각이 드나요? 대단하면서도 한편으론 왠지 두렵기도 하죠? 얼마 전에는 알파고 제로가 등장해, 이제는 사람의 도움을 전혀 받지 않고도 '바둑의 신'의 경지에 올랐다고 해요.

　그런데 궁금할 거예요. 알파고 제로는 도대체 어떻게 인간이 감히 넘볼 수 없는 바둑의 신이 되었는지 말이에요. 이상하게 들리겠지만, 알파고 제로는 강아지가 훈련하듯 바둑을 학습했어요. 여러분들 대부분 집에 강아지를 키우고 있을 거예요. 강아지를 훈련시킬 때 어떻게 하나요? 이렇게 해라, 저렇게 해라 일일이 명령하면 힘들기만 하지 별 효과가 없죠? 그 대신 잘하면 간식을 주고, 못하면 외면하고, 그러면 강아지가 알아서 스스로 배우죠. 그때 강아지의 뇌에

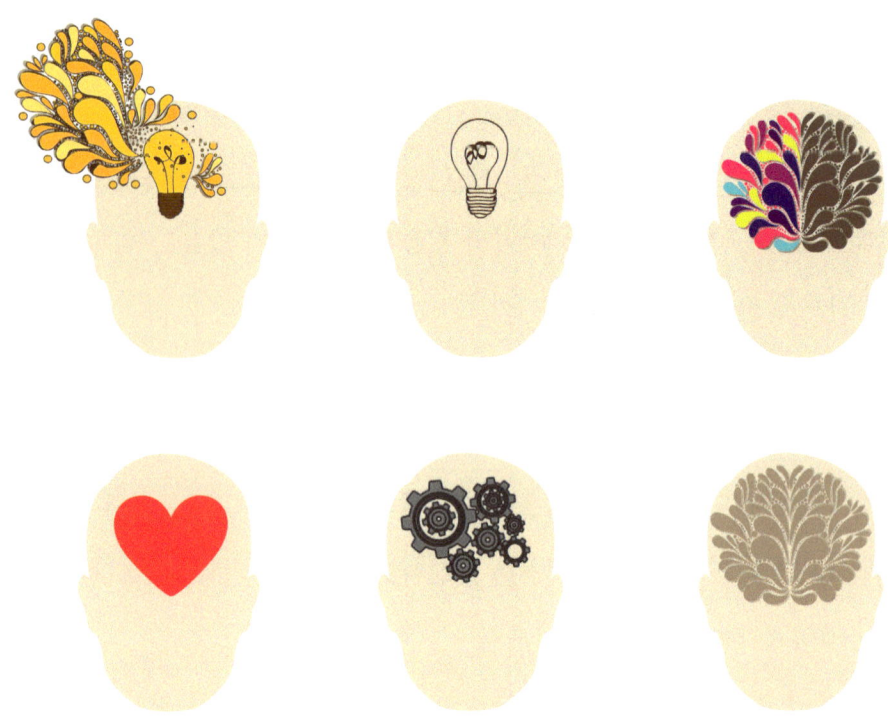

서 어떤 일이 일어나는지 생각해 본 적 있나요? 단단한 머리뼈 속에 있는, 말랑말랑하고 부드럽고, 또 쭈글쭈글하고 주름투성이인 '뇌' 말이에요.

뇌의 비밀을 찾아라

저는 오랫동안 인간과 동물의 뇌를 탐구해 온 신경과학자입니다. 고양이가 영화를 볼 때 고양이의 뇌에서는 무슨 일이 일어나는지 연구하기도 하고, 실험실에서 원숭이들에게 가위바위보를 가르치며 원숭이 뇌에서 어떤 일이 일어나는지 관찰하기도 해요. 사람들이 웃고, 울고, 놀고, 또 공부할 때 뇌가 변하는 모습을 사진으로 찍어 그걸 수백 장, 수천 장 분석하는 것도 제 일이랍니다.

사실 알파고 제로의 학습 방법은 과학자들이 벌써 100여 년 전부터 관심을 갖고 탐구해 왔던 내용이에요. 최근에는 저와 같은 뇌과학자들이 더 깊이 파고들어 열심히 연구하고 있죠. 그렇게 밝혀낸 연구 결과가 지금의 인공지능 개발로 이어진 거랍니다.

그래요. 인공지능 연구는 인간의 지능을 연구하는 일과 떼려야 뗄 수 없어요. 그런데도 우리는 인공지능의 눈부신 활약만 정신없이 쫓느라 자꾸 이 사실을 잊어버려요. "과학기술이 발전하면 인공지능이 인간을 밀어내고 그 자리를 전부 대신할 텐데 그럼 우리는 어떡하지?" 하고 걱정부터 하는 거예요.

하지만 너무 겁먹을 필요는 없습니다. 낯선 것을 마주했을 때 두려움을 갖는 건 인간의 본능이니까요. 인공지능의 모델은 우리 인간이잖아요? 인간의 지능에 대해 제대로 알면 인공지능에 대한 막연한 두려움을 갖지 않을 수 있답니다.

꼭 인공지능 때문이 아니더라도, 우리는 자신의 뇌와 지능에 대해 잘 알아야 해요. 뇌 덕분에 우리가 생각하고, 기억하고, 꿈꾸고, 몸을 움직여 세

상을 느끼니까요. 그럴 때마다 뇌에서는 무슨 일이 일어날까요?

"뇌에서는 어떻게 생각이 일어날까?"

"동물도 생각을 할까? 동물의 생각은 인간과 어떻게 다를까?"

"인공지능은 우리 뇌랑 똑같이 작동할까, 다르게 작동할까?"

정말 궁금하지 않나요? 질문에 질문이 꼬리를 물면 "이렇게 커다란 뇌가 왜 내 머릿속에 떡하니 자리를 잡게 되었을까?" 하는 의문까지 생겨나죠. 그런데 인공지능이나 뇌의 비밀도 궁금하지만, 그보다 더 궁금한 건 여러분 자신의 생각과 행동일 거예요.

"어휴, 또 바보 같은 짓을 했어. 나는 뇌가 장식품인가 봐."

"왜 하필 그때 그런 생각을 하고 그런 행동을 했을까?"

"그래, 나는 머리가 나빠서 시험을 못 보나 봐."

여러분이 이렇게 한숨 쉬며 하는 말들은 알고 보면 다 생각에 대한 생각, 뇌와 지능에 관한 이야기랍니다. 뇌과학자인 저도 매일 여러분과 똑같은 걸 궁금해하고 똑같은 질문은 던지며 답을 찾고 있지요.

똑똑한 친구들이 너무 부럽고, 무엇이든 지금보다 더 잘하고 싶나요? 그럼 앞으로 제가 들려주는 이야기에 귀를 기울여 보세요. 여러분의 뇌가 어떤 능력을 가졌는지, 인공지능이 뇌의 어떤 비밀을 훔쳤는지 알게 되면 정말 깜짝 놀랄 거예요. 귀가 솔깃하죠? 책을 덮을 즈음엔 분명 여러분이 원하는 답을 찾을 수 있을 거예요. 자, 그럼 이제 이야기를 시작해 볼까요?

개와 고양이 중에 누가 더 똑똑할까?

똑똑하다는 건 뭐죠?

여기 질문이 하나 있습니다. 제가 제 자신을 포함해 다른 사람들에게도 아주 흔히 물었던 질문이에요. 여러분도 서로에게 많이 물어봤을 거예요. 바로 "X와 Y중에 누가 더 똑똑할까?"라는 질문이죠. 우리는 이런 비교를 참 많이 해요.

자, 개와 고양이 중에 누가 더 똑똑할까요? 어떤 사람은 개가 고양이보

다 똑똑하다고 생각하겠지만, 반대로 고양이가 개보다 똑똑하다는 사람도 당연히 있을 거예요. 그런 두 사람이 만나 말싸움을 한다면 해도 해도 끝이 안 나죠. 왜냐면 '똑똑하다는 건 뭘까?'에 대한 생각이 서로 다르기 때문이에요.

'똑똑함'을 다른 말로 '지능'이라고 해요. 지능만큼 정확하게 뜻을 알기 어려운 말도 없답니다. 지능에 대한 정의를 모아 놓은 연구 논문이 있는데, 그걸 들여다보면 학자들이 정의해 놓은 것만 70가지가 넘어요. 저 역시 이 지능이라는 것을 어떻게 이해해야 할까 나름대로 오랫동안 해답을 찾아왔지요.

저는 경제학, 심리학, 그리고 나중에 뇌과학을 공부하게 되기까지 이런저런 공부를 참 많이 했답니다. 공부를 하면서 늘 "복잡한 문제를 정확하고 빠르게 해결하는 능력이 어떻게 인간에게

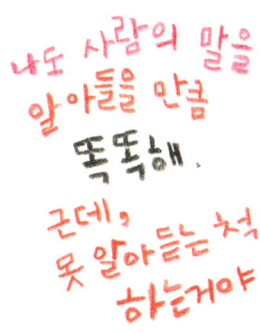

나도 사람의 말을 알아들을 만큼 똑똑해. 근데, 못 알아듣는 척 하는거야

피식

생겨났을까?" "그런 능력을 어떻게 연구할 수 있을까?" 하고 고민했어요.

그러면서 인간의 지능이 다른 동물의 지능과 어떻게 다른지에 대해서도 많은 생각을 해 보았답니다. 여러분은 날아다니는 파리나 바닥을 기어 다니는 바퀴벌레를 쉽게 잡지 못하죠? 그럴 때마다 혹시 "왜 사람은 파리나 바퀴벌레보다 동작이 느릴까?"라는 생각을 해 본 적이 있나요? 우리 인간은 곤충들보다 훨씬 큰 뇌를 갖고 있고, 덩치도 훨씬 커요. 그런데 왜 작은 벌레 하나를 못 잡는지 정말 이상하지 않나요?

이렇게 복잡한 질문에 대한 답을 찾을 때 과학자들이 자주 사용하는 방법이 있어요. 바로 작고 단순한 것에서 시작하는 방법이지요. 알고 싶은 문제가 있는데 너무 복잡해서 손을 쓸 수 없다면, 우선 단순하지만 비슷한 대상을 연구해서 중요한 특징을 알아내는 거예요. 그런 다음 그걸 이용해 진짜 알고 싶은 걸 파헤쳐 보는 거죠.

자, 우리도 인간의 지능이 무엇인지 알기 위해 인간보다 단순한 다른 동물의 지능을 먼저 생각해 봅시다. 개나 고양이는 인간과 같은 포유류라서 사람과 공통점이 굉장히 많으니까 인간과 더 다르게 생긴 생명체를 찾아 그들에게 지능이라고 할 만한 게 있는지 찾아볼까요?

그런데 먼저 생각해 볼 문제가 하나 있어요. 바로 '뇌'에 관한 거예요. 동물들은 대부분 뇌가 있잖아요? 우리는 보통 머리가 큰

포유류
새끼를 낳고 젖을 먹여 기르는 동물들을 말해요.

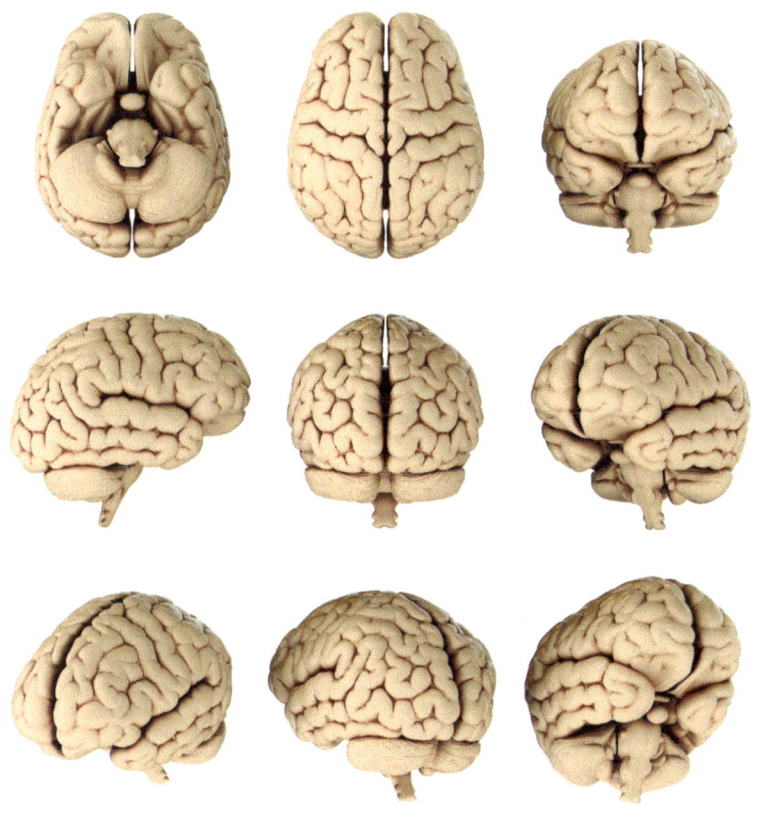

 사람을 보면 "오, 머리 좋게 생겼는데?" 이렇게 말해요. 머리가 크면 그 안에 있는 뇌도 크고, 뇌가 크면 지능도 높을 거라고 생각하는 거예요. '뇌 = 지능'이라고 믿는 거죠.

 하지만 문어나 새우처럼 우리랑 전혀 다르게 생긴 동물은 뇌 역시 인간과 전혀 다른 모습을 하고 있답니다. 대부분의 동물은 복잡한 뇌와 신경계를 갖고 있는데 그 모습이 천차만별이거든요. 우리는 흔히 뇌의 구조가 인간과 비슷해야 지능이 높을 거라고 생각해요. 하지만 인간과 전혀 다른 모양의 뇌를 갖고 있는 동물들도 매우 지적인 행동을 보여 준답니다.

신경계
동물이 외부 자극을 받아들이고 반응하는 기관을 말해요. 여러 개의 신경 세포 덩어리로 이루어져 있어요.

예를 들어 문어는 먹이가 들어 있는 병의 뚜껑을 연다든지 갇혀 있는 곳에서 탈출하는 방법을 찾아내는 것은 물론, 자기가 처음 보는 사람이나 싫어하는 사람들을 알아보고 그들에게만 물총 공격을 하기도 해요. 심지어 식물처럼 아예 뇌가 없는 생물도 있잖아요? 이런 생물들에게도 지능이 있을까요?

뇌가 없는 생물에게도 지능이 있을까?

손처럼 생긴 잎 사이로 벌레가 들어오면 폭! 하고 잎을 닫는 식물을 알죠? 파리지옥 말이에요. 식물이지만 하는 일이 동물하고 비슷해서 옛날부터 식충식물이라고 불리며 굉장히 별종 취급을 받았지요. 그런데 2016년에 파리지옥에 관한 아주 흥미로운 연구 결과가 발표돼요. 어떤 걸 발견했냐면, 이 식물이 생각을 한다는 걸 알아낸 거예요.

파리지옥의 잎 안쪽을 연필 같은 것으로 툭툭 치면 잎이 닫힙니다. 그런

데 누가 우리를 쿡 찌르면 피하는 것과 달리, 잎을 칠 때마다 닫히지는 않아요. 만약 잎을 칠 때마다 닫힌다면 굉장히 단순한 움직임일 텐데 그건 아니라는 거죠. 파리지옥의 잎은 한 번만 치면 안 닫히고 10~20초 안에 두 번째로 쳐 줘야 닫혀요. 탁! 탁!

　두 번 쳐야 잎을 닫는다는 건 파리지옥이 숫자를 센다는 뜻이에요. 낚시를 할 때 찌가 한 번만 움직이면 물고기가 미끼를 물었는지 안 물었는지 확실히 모르잖아요? 찌가 한 번 더 움직여야 낚시꾼이 낚싯대를 잡아채죠. 파리지옥도 똑같아요. 만약 진짜 파리가 들어왔다면 움직이면서 여러 번 잎을 건드리겠죠? 파리지옥도 두 번 쳐야 곤충이 들어왔다고 판단하고 잎을 닫아요.

그뿐만이 아니에요. 파리지옥은 벌레가 들어오면 소화 효소를 분비해요. 사람이 위에서 음식을 녹이듯 벌레를 녹여서 필요한 영양분을 흡수하지요. 그런데 이게 에너지가 굉장히 많이 들어가는 과정이에요. 벌레도 없는데 쓸데없이 효소를 분비한다면 엄청난 에너지 낭비가 되겠죠? 그래서 파리지옥은 잎이 닫힐 때마다 효소를 분비하지 않아요. 잎을 닫고 난 뒤에 그 안에 있는 게 다시 잎을 자극해야만 비로소 효소를 분비하죠. 벌레라면 분명히 꿈틀거릴 테니까요. 그때도 세 번 이상 확인해요. 탁! 탁! 탁!

소화 효소
음식을 분해하여 몸속에서 소화가 빨리 잘 되도록 도와주는 물질이에요.

에너지
생명체나 물체가 일을 하거나 움직일 수 있는 능력이에요. 태양 에너지, 전기 에너지, 운동 에너지 등 종류가 다양하지요.

숫자를 세는 파리지옥과 단세포 생물 대장균

파리지옥은 벌레를 잡고, 정말 벌레가 들어왔다는 걸 확인하고 효소를 내보내기까지 숫자를 세요. 다섯까지! 우리는 너무 어렸을 때부터 셈을 배워서 숫자 세는 걸 굉장히 단순한 일로 생각해요. 하지만 동물도 아닌 식물이 다섯까지 센다는 건 정말 경이로운 일이에요.

숫자를 센다는 게 뭘까 한번 곰곰이 생각해 봐요. 숫자를 세기 위해서는 기억하는 능력이 있어야 해요. 두 번째라는 걸 알려면, 그전의 자극이 첫 번째라는 걸 기억해야 하니까요. 또 다섯을 세려면 비교할 수 있는 능력이 있어야 해요. 자기가 원하는 숫자 5와 자기가 센 숫자 5를 비교해서 그 둘이 같다는 걸 알아야 하니까요.

그게 뭐 대단한 능력이냐고요? 그럼 체육 시간이나 태권도 학원에서 팔 벌려 뛰기를 했던 걸 떠올려 보세요. 선생님이 꼭 열 번씩 시키는데 마지막에 구호를 붙이지 말라고 하죠? 그런데 뛰다 보면 자기도 모르게 '열'을 외치게 되잖아요. 그래서 힘들어 죽겠는데 벌칙으로 또 열 번을 뛰었을 거예요.

군대에서도 이 체조를 많이 시키는데, 훈련할 때 한 사람이라도 틀리면 점점 개수가 올라간답니다. 그래서 군인 아저씨들은 이 체조를 아주 싫어해요. 누군가는 계속 숫자를 틀려서 끝없이 뛰어야 하거든요. 이것만 생각해 봐도 숫자를 세는 건 절대 쉬운 일이 아니에요. 파리지옥이 숫자를 센다는 건 체육 시간에 헉헉대는 우리들과 견줄 만한 지능을 가졌다는 뜻이랍니다.

대장균
사람이나 동물의 큰창자에 사는 세균이에요. 세균은 하나의 세포로 이루어진 단세포 생물이에요.

이번엔 대장균을 한번 볼까요? 대장균은 하나의 세포로 되어 있어요. 대장균은 우리 몸 안에서 그냥 둥둥 떠다니는 게 아니라 자기가 원하는 곳으로 가기 위해서 움직이는데, 나름대로 방식이 있답니다.

세포
생명체를 이루는 아주 작은 부분으로 몸의 기본이 되는 단위예요. 세포에는 막이 있어 외부 환경과 자신을 구분하지요. 모든 생명체는 세포로 되어 있어요.

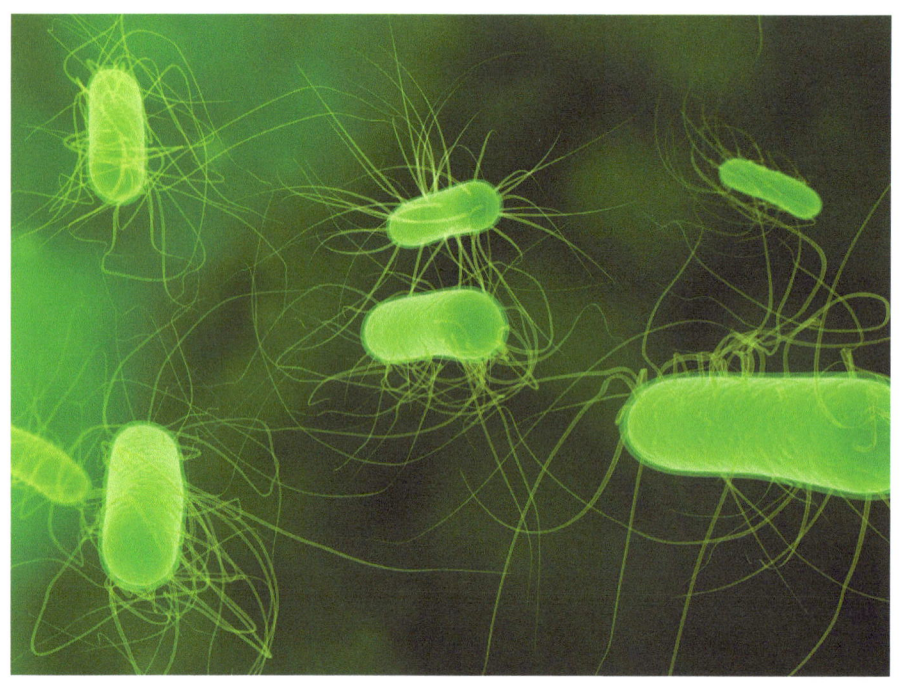

　대장균들은 일단 후진을 못해요. 앞으로만 나아가는데, 전진하는 동안 주변에 자기들이 원하는 설탕 같은 영양분이 많으면 그대로 계속 직진을 해요. 그러다 영양분이 점점 없어지면 마구잡이로 이리 저리 뒹굴어요. 술 취한 사람처럼 이리로 갔다 저리로 갔다 하다 보면 방향이 어느 곳으로든 바뀌겠죠? 그래서 운 좋게 영양분의 농도가 높은 쪽으로 가게 되면 직진하는 시간을 늘립니다. 다시 영양분이 없어지면 뒹구는 시간을 늘리고요.

　'영양분이 안 주어지는 것 같은데?' 그러면 팔딱팔딱 뒹굴어서 딴 방향으로 가고, '어, 또 안 주어지는 것 같은데?' 하면 또 팔딱팔딱 뒹굴어서 딴 방향으로 가고. 계속 그런 방법을 쓰면 영양분이 없는 곳으로 가서 굶어 죽게 되는 건 피할 수 있겠죠? 사실 이 방법은 자기가 원하는 환경을 찾을 수 있는 가장 단순한 해결 방법 중 하나예요. 단세포 생물이 이런 알고리듬을 갖고 있다는 건, 어떻게 생각하면 세포만 하나 있으면 최소한의 지능이 있다고 볼 수 있는 거예요.

알고리듬

알고리듬은 생명체나 컴퓨터가 주어진 문제를 해결하기 위해 사용하는 방법과 절차를 말해요. 특히 컴퓨터는 해야 할 일을 순서대로 하나하나 정해 주는 알고리듬이 없으면 명령을 수행하지 못해요.

문제 해결은 나에게 맡겨!

파리지옥과 대장균에게 지능이 있다는 말이 신기하고 놀라운가요? 그럼 우리가 흔히 언제 '지능이 높다'고 말하는지 떠올려 보세요. 어려운 수학 문제를 척척 풀고 복잡한 추리 문제도 탐정처럼 술술 해결할 때 그렇게 말하죠? 우리가 어떤 문제를 줬는데 그걸 해결하지 못하는 사람을 보고 "와, 머리 좋은데!" 이렇게 말하지는 않지요.

앞에서 70개가 넘는 지능의 정의가 있다고 했죠? 대부분의 정의에 '지능은 문제를 해결하는 능력이다'라는 내용이 공통적으로 들어가 있어요. 파리지옥과 대장균도 자신들에게 닥친 문제를 훌륭하게 해결했어요. 대장균은 단세포 생물이지만 먹을 것이 많은 곳을 찾아가는 방법을 알아냈죠. 파리지옥은 식물이지만 에너지를 가장 적게 들이면서 필요한 영양분을 섭취하는 방법을 개발해 냈고요. 파리지옥과 대장균은 자기에게 닥친 문제를 훌륭하게 해결했어요. 그러니 당연히 지능이 있다고 볼 수 있답니다.

그런데 파리지옥과 대장균이 해결한 문제는 어떤 문제였나요? 바로 먹고 사는 문제였어요. 둘 다 생명체니까 살아야 하잖아요? 파리지옥과 대장균이 살아가는 자연 세계는 시시각각 변화하는 세계예요. 언제 먹을 것이 사라질지 모르고, 날씨가 어떻게 바뀔지도 몰라요. 그때그때 주어진 환경에서 살아남으려고 지능이 있는 거예요.

저는 이처럼 '생명체가 살아남기 위해 문제를 해결하는 능력'을 바로 지능이라고 생각해요. 여러분이 지능에 대해 이제껏 알고 있던 것과 많이 다르죠? 그 이야기를 더 해 볼게요.

높은 지능과 낮은 지능의 수수께끼

대장균이나 파리지옥에게 지능이 있다고 해도, 이들보다 훨씬 큰 뇌와 신경계를 가진 문어나 원숭이만큼 똑똑할까요? 그건 아닌 것 같죠? 우리는 왜 어떤 생명체는 지능이 높고, 어떤 생명체는 지능이 낮다고 생각할까요?

인공지능을 비교할 때도 어떤 점에서 알파고가 그전에 나온 인공지능들보다 훨씬 성능이 뛰어나다고 이야기할까요?

흔히 사람들은 어려운 문제나 복잡한 문제를 잘 풀수록 지능이 높다고 생각해요. 경시대회에 나가거나 영재 교육원에 가려는 똑똑한 친구들을 보면 외계어처럼 보이는 수학 문제도 잘 풀잖아요. 그렇다면 이 세상에 있는 문제 중에 가장 어려운 문제를 풀면 그게 사람이든 인공지능이든 최고로 뛰어난 지능일까요?

만약 뛰어난 지능을 판단하는 유일한 기준이 어려운 문제를 거뜬히 푸는 능력이라면, 알파고는 인간을 넘어서는 엄청난 지능을 가졌다고 볼 수

있어요. 왜냐 면 바둑이 라는 건 굉장 히 어려운 게임이 거든요. 알파고가 나오기 바로 전까지만 해도 바둑에서 인공지능이 인간 최강자를 이기려면 10년은 더 있어야 된다고 했을 정도예요. 그런 예상을 깨고 이세돌 9단을 4 대 1로 이겨 버렸으니, 알파고는 굉장히 높은 지능을 가졌다고 볼 수 있겠죠.

그런데 어렵고 복잡한 문제를 풀긴 했지만, 사실 알파고는 할 줄 아는 게 바둑 밖에 없어요. 할 줄 아는 게 한 가지 밖에 없는 지능을 과연 높은 지능이라고 볼 수 있을까요? 저는 그렇지 않다고 생각해요. 자, 알파고를 장착한 로봇을 한번 떠올려 볼까요? 그 로봇은 바둑으로 이세돌 9단만 이길 줄 알지, 그밖에 할 줄 아는 게 아무것도 없어요. 축구도 못하고, 청소도 못하고, 저녁 식사 메뉴도 정하지 못해요. 고장이 나면 스스로 자신을 고치며 살아간다는 건 기대도 할 수 없지요.

거꾸로 생각해 볼까요? 만약 이세돌 9단이 바둑 말고는 아무것도 못한다고 해 봐요. 말도 못하고, 웃긴 이야기를 해도 얼굴 표정도 안 변하고, 알파고처럼 그냥 바둑 말고는 아무것도 못하는 거예요. 혼자서는 밥도 못 먹어서 맨날 링거 주사를 꽂아 줘야 한다면, 그런 상태를 높은 지능을 가졌다고 볼 수 있을까요?

　사람이 살아가면서 접하는 문제는 그때그때 변해요. 언제 어떤 문제가 주어질지 모르고, 문제를 해결하려면 어떤 방법을 써야 하는지 모를 때도 많아요. 해결책도 한 가지가 아니라 여러 가지가 있을 수 있어요. 심지어 정답이 정해진 것도 아니에요. 친구를 만나서 뭐하고 놀지 정할 때만 봐도, 어떤 친구를 만날지, 언제 만날지, 또 어디에서 만날지에 따라 노는 게 다르잖아요? 알파고는 바둑만 둘 줄 알지 이렇게 복잡한 문제는 풀지 못해요. 하지만 여러분은 어떤 친구를 만나더라도 어디서 뭐하고 놀지 답이 금방 척척 나오지요.

　그래요. 뛰어난 지능은 바둑을 최고로 잘 두는 능력도 아니고, 수학 문제를 최고로 잘 푸는 능력도 아니에요. 전자계산기가 어렵고 복잡한 계산을 눈 깜짝할 사이에 끝낸다고 해서 '계산기가 지능을 가졌다'라고 말하지 않는 거나 마찬가지랍니다. 지능은 다양한 상황에서 그때그때 가장 좋은 결과를 가져올 수 있는 행동을 잘 선택하는 능력이에요. 여러분은 이미 그런 높은 지능, 뛰어난 지능을 가지고 있어요.

지능과 지능지수는 달라도 너무 달라

여러분은 자신의 IQ(아이큐)를 알고 있나요? 자기 IQ는 몰라도 IQ가 150은 넘어야 천재고 그렇게 IQ가 높은 사람만 가입한다는 멘사클럽을 모르는 친구는 없을 거예요. 영재 어린이들이 나오는 TV 프로그램을 봐도 제일 먼저 하는 게 지능 검사지요. 엄청난 기억력을 자랑하는 영재 소년 아래로 'IQ가 무려 164! 100년에 한 번 나올까 말까 한 천재 등장!' 이런 자막이 뜨잖아요.

TV가 아니더라도 여러분 주위에는 똑똑하고 아는 것도 많고 공부도 잘하는 친구가 여럿 있을 거예요. 안 그래도 총명한 애들인데 저렇게 열심히 공부하는 걸 보면 영재는 아무나 하는 게 아니구나 싶죠? 한편으로는 IQ도 낮고 특별히 잘하는 것도 없는 내가 평범하다 못해 초라해 보일지도 몰라요.

IQ
특별히 개발된 지능 검사의 결과를 숫자로 나타낸 것으로 지능지수라고 불러요.

지능 검사에서 아주 높은 점수를 받은 사람만 회원으로 가입할 수 있는 국제단체예요.

　그런 여러분에게 제가 꼭 들려주고 싶은 이야기가 있어요. 바로 지능과 우리가 IQ라고 부르는 지능지수는 다르다는 사실이에요. 사람들은 자주 지능과 지능지수를 혼동합니다. 심지어 지능과 지능지수가 같은 거라고 생각하기도 해요. 하지만 둘은 전혀 달라요.

　지능이란 우리가 다양한 환경에서 만나는 여러 가지 복잡한 문제를 해결하는 능력이지만 지능지수는 한낱 시험 점수에 불과해요. 그것도 기억력, 계산력, 추리 능력 같은 몇 가지 능력만 측정하려고 만든 시험이라서 내가 가진 문제 해결 능력을 절대로 다 보여 주지 못해요. 그래서 지능지수가 좀 낮다고 해서 실망할 필요가 전혀 없는 거예요. 정말이에요.

　예를 들어 만화 그리는 걸 좋아하는 친구가 있다고 해 봐요. 이 친구는

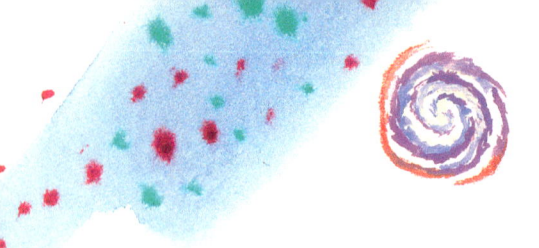

그림을 잘 못 그려서 고민이에요. 방법을 찾다 컴퓨터로 웹툰을 그리는 프로그램을 써 보니 제법 잘 그리게 됐어요. 고민을 해결했죠? 그런데 터치펜으로 그림 그리기에 푹 빠지다 보니 친구들과 멀어지는 것 같아 걱정이에요. 그래서 친구들에게 만화를 보여 주며 줄거리와 캐릭터를 함께 의논했더니 사이가 더 좋아졌어요. 그러다가 공부에 소홀해져서 성적이 떨어지는가 했는데, 이번에는 학교에서 수업 시간에 배운 내용을 만화로 그려보기로 합니다. 그랬더니 공부가 막 재미있어지는 게 아니겠어요? 이 친구는 자기에게 주어진 문제들을 정말 잘 풀어 나갔죠? 과연 이 친구가 가진 여

러 가지 문제 해결 능력을 하나의 숫자로 표현할 수 있을까요?

   그러니 여러분도 어려운 시험 문제를 풀면서 "아, 나는 머리가 나쁜가 봐." 이렇게 고민하고 좌절했던 걸 다 잊어버려도 돼요. 그 대신 남들이 지금까지 풀지 못한 문제들 중에 나만이 해결할 수 있는 게 뭐가 있을지를 생각해 보면 좋을 것 같아요. 우리 모두는 충분히 그런 능력을 갖고 있으니까요.

질문 있어요!

돌고래와 원숭이 중 누가 더 지능이 높나요?

동물들의 IQ를 궁금해하지 마세요

지능지수를 이야기할 때 조심해야 할 게 있어요. 지능지수는 인간을 대상으로 만들어졌기 때문에 다른 동물들에게는 적용할 수 없다는 사실이에요. 그런데도 사람들은 원숭이 IQ, 돌고래 IQ를 궁금해하며 어떤 동물이 더 똑똑한지 가리고 싶어해요. 지능과 지능지수를 혼동하면 모든 생명체의 지능에 순서를 매겨 우열을 가릴 수 있다고 오해하게 돼요.

숫자는 숫자일 뿐

예를 들어 친구와 나의 차이점을 비교한다고 해 봐요. 친구와 내가 어디가 어떻게 다른지 한마디로 간단히 설명하는 건 불가능하죠? 키를 비교하는 것은 가능해요. 그런데 내가 친구보다 키가 작다고 해서 더 열등한 건 아니잖아요? 지능지수도 마찬가지예요. 기억력이나 추리 능력 같은 몇 가지 능력을 검사하는 시험 점수는 그냥 점수일 뿐이에요.

지능 검사는 왜 있나요?

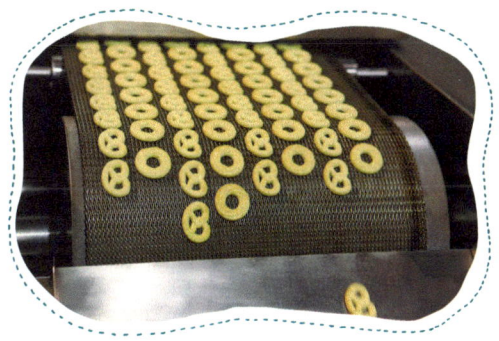

지능 검사가 널리 사용된 이유는 20세기 산업화와 관련이 높아요. 산업화 덕분에 농업 중심의 전통 사회가 기계로 물건을 생산하는 공업 중심의 사회로 바뀌었죠. 똑같은 물건을 똑같은 방식으로 한꺼번에 대량 생산하려면 일의 순서와 내용을 빨리 외우고 시키는 대로만 일하는 인재가 필요했어요. 지능 검사는 그런 능력을 가진 사람을 잘 가려낼 수 있는 시험이었죠.

답은 뇌가 벌써 알고 있어!

우리가 살아가는 21세기는 개인의 독특한 능력이 훨씬 더 중요한 세상이 될 거예요. 기계와 컴퓨터, 인공지능의 발달로 지금껏 힘을 발휘했던 지능지수와 자격증 시험이 그 중요성을 잃고 있답니다. 그래서 새로운 변화를 알아차리고 거기에 적응하려면 인간만이 가진 능력이 무엇인지 잘 알아야 해요. 그 능력은 대부분 뇌에서 비롯되니까 뇌과학을 공부해 두면 좋겠죠?

3

내 머릿속엔 왜
뇌가 있는 걸까?

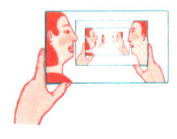

사라지지 않는 유전자의 비밀

지능이란 생명체가 살아가기 위해 문제를 해결하는 능력이에요. 그런데 어떤 문제든지 그걸 해결하기만 한다면 다 지능이라고 볼 수 있을까요? 그렇진 않아요. 이건 좀 고약한 이야기지만, 자살하기 위한 지능이 있다고 생각해 봅시다. 그런 지능의 주인은 자기 자신을 이 세상에서 가장 빨리 사라지게 하는 방법을 찾아내야 해요. 그 지능이 정말 뛰어나면 어떻게 되겠어요? 그 지능을 가진 존재는 다 죽어서 지구상에서 사라져 버리겠죠? 문제를 해결했는데 멸종한다면 무슨 소용이 있겠어요.

그래요. 생명체의 가장 중요한 목표는 살아남는 거예요. 지능은 그 목표를 이루기 위해서 필요하고요. 생명체를 사라지게 만든다면 아무리 훌륭한 능력이라도 지능으로 볼 수 없어요. 진

정한 지능이란 생명체가 살아남는 데 도움을 주는 능력이어야 한답니다.

여기서 잠깐 묻고 싶은 게 있어요. 여러분은 생명체가 무엇인지 알고 있나요? 살아 있는 게 생명체지, 왜 다 아는 걸 물어보냐고요? 그럼 살아 있다는 건 뭐죠? 움직인다는 것? 쑥쑥 자란다는 것? 먹고 싼다는 것? 생각할수록 알쏭달쏭하지요?

생명체란 생명이 없는 것들, 즉 무생물과 달리 자신을 보존하는 능력이 있는 존재랍니다. 자, 우리 주변에 100만 년, 1000만 년 이상 존재하고도 쌩쌩한 게 있나 한번 찾아보세요. 그렇게 멀리 갈 것도 없이 만 년 이상 된 걸 찾아보려 해도 아무것도 없어요. 아무리 튼튼한 재료로 만든 건축물이나 기계라도 오랜 시간이 지나면 다 스러지고 부서지고 말죠. 생명체만이 수십억 년이 지나도 쌩쌩해요.

인간은 생명체지만 100년 정도 살면 다 죽는다고요? 그렇지 않아요. 우리가 죽어도 우리

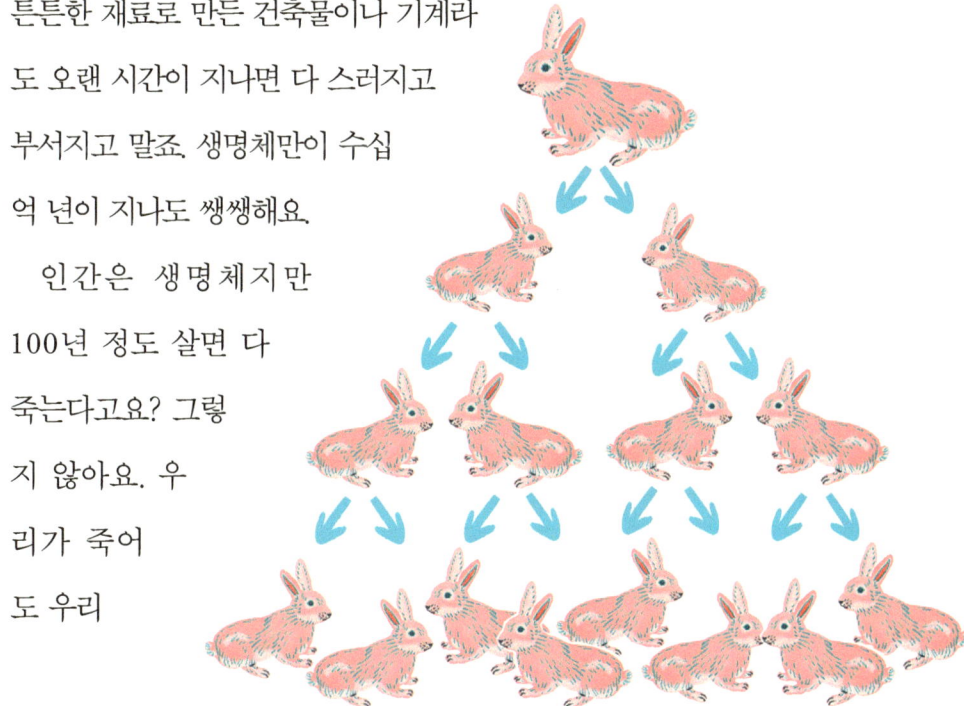

와 닮은 자손이 남잖아요. 우리는 부모님의 얼굴, 몸매, 성격 등을 닮아요. 이렇게 자식이 부모의 특징을 물려받는 걸 유전이라고 하고, 유전을 일으키는 게 바로 유전자예요. 생명체는 유전자를 통해 자신이 가진 특징을 다음 세대에 전달하지요.

이렇게 모든 생명체는 유전자를 이용해 자기와 거의 똑같은 생명체를 만들어 낼 수 있는데, 이것을 자기복제라고 해요. 자기복제를 해서 수를 늘려 갈 수 있는 생명체는 수억 년 혹은 수십억 년이 지나도 쉽게 사라지지 않아요.

우리는 조상들에게 유전자를 물려받았고, 그 유전자를 다시 자손에게 물려줍니다. 우리 몸은 사라지지만 조상에게 받은 유전자

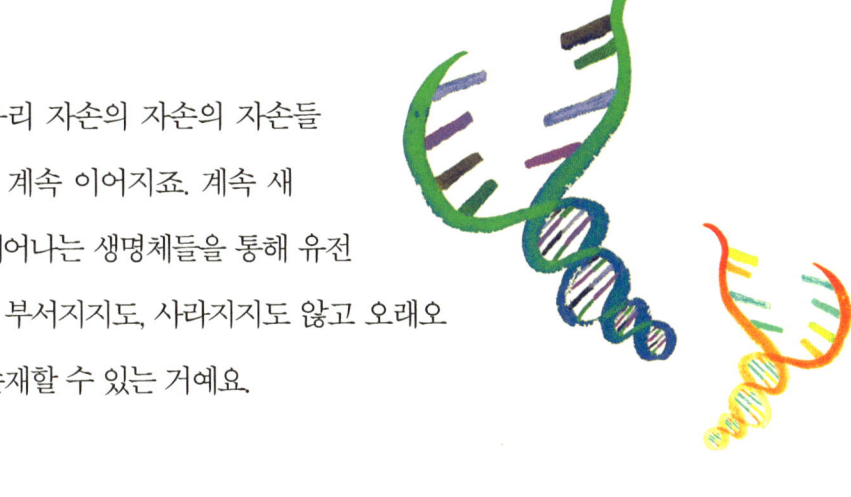

는 우리 자손의 자손의 자손들에게 계속 이어지죠. 계속 새로 태어나는 생명체들을 통해 유전자는 부서지지도, 사라지지도 않고 오래오래 존재할 수 있는 거예요.

신기하고 놀라운 세포 속 화학 공장

생명체는 어떤 방법으로 자손에게 유전자를 넘겨줄까요? 지구상의 모든 생명체는 세포 속에 꽈배기처럼 두 줄로 꼬여 있는 DNA(디엔에이)를 가지고 있습니다. DNA라는 말 참 많이 들어 봤죠? DNA는 유전 정보가 들어 있는 기다란 사슬이에요. 생명체는 바로 이 DNA를 복제해 자손에게 물려줌으로써 길고 긴 생명의 끈을 이어 나가요.

그런데 DNA는 유전 정보를 저장만 하지 스스로 복제를 하지는 못한답니다. DNA를 복제하려면 효소들이 두 줄의 DNA를 지퍼처럼 열고, 딱 맞는 부품들을 끼워 맞춰야 해요. 이때 복제를 돕는 효소는 단백질로 되어 있죠.

효소
생명체의 몸속에서 화학 반응이 잘 일어나게 돕는 물질이에요. 우리 몸 안에는 약 3000가지 효소가 있다고 해요.

우리 몸에서 단백질이 하는 일은 정말 많아요. 성장기 어린이는 고기와 생선을 많이 먹으라고 하죠? 근육과 내장, 피부 등 우리 몸의 많은 부분이 단백질로 이루어져 있어서 그래요. 단백질은 이렇게 우리 몸의 구성 성분일 뿐만 아니라 에너지도 만들어 내요. 또한 DNA 복제를 돕고, 음식을 소화시키는 일을 하고, 병이 나면 항체를 만들어 내기도 하죠. 생명 현상은 이런 수만 가지 단백질의 활동으로 일어난답니다.

이렇게 중요한 단백질은 유전자의 지시에 따라 세포 속 화학 공장에서 만들어져요. 기다란 DNA 사슬에는 서로 다른 네 가지 물질이 순서대로 길게 줄지어 있어요. 이 물질들이 어떤 순서로 배열되는지에 따라 다양한 종류의 단백질이 만들어지죠.

실제로 세포 안에서 단백질이 만들어지는 과정을 들여다보면, 너무 복잡하고 정교해서 이런 일이 정말로 우리 몸속에서 일어난다는 게 믿기지 않을 정도예요. 지금 바로 옆에 있는 QR코드를 찍어 여러분도 그 과정을 꼭 한번 맛보세요. 이 영상은 세계적으로 유명한 생물학 연구소인 미국의 콜드스프링하버 연구소에서 만든 거랍니다. 컴퓨터 애니메이션이지만 실제로 반응이 일어나는 속도 그대로 만든 거예요.

　자, 여러분 생각에 단백질이 만들어지는 데 걸리는 2분 정도의 시간이 짧은가요, 긴가요? 이렇게 복잡한 과정을 해치우는 시간이 이 정도면 엄청 빠르다고 생각할 수 있어요. 하지만 제가 보기엔 굉장히 느려요. 왜 그렇게 생각하는지 이야기해 볼게요.

　우리가 살아가면서 위기를 모면해야 하는 순간들이 있잖아요? 예를 들어 횡단보도를 건너가는데 차가 막 와요. 그럼 멈추든지 더 빨리 뛰든지 순간적으로 판단을 해서 위기를 탈출해야겠죠? 그때 단백질을 이용해 이 문제를 해결한다면 어떻게 될까요? 탈출에 필요한 단백질을 만드는 데 걸리는 시간이 너무 길어서 그걸 기다리다가는 사고가 나고 말 거예요. 생명체가 자기에게 닥친 문제를 해결하기엔 어려움이 있는 거죠. 그래서 드디어 뇌가 등장한답니다.

드디어 뇌가 등장하다

처음 지구에서 탄생해 진화한 생명체들은 반응 속도가 느려 많은 어려움을 겪었을 거예요. 빨리 움직이지도 못하고 도망도 못 가니까요. 그렇게 수십억 년이나 고생하다가, 6억 년 전 최초의 근육 세포가 나타나요. 동물이 등장한 거예요. 동물 중에 근육 세포를 가지지 않은 동물은 거의 없어요. 99.9퍼센트가 다 근육을 가지고 있고, 근육을 가졌다는 사실이 동물로 인정받을 수 있는 근거가 되지요.

식물이 지능이 없는 것처럼 느껴지는 건 반응이 너무 느리기 때문이에요. 반대로 빨리빨리 반응하면 똑똑하게 느껴지죠. 누군가 말을 또박또박 잘하면 "야, 저 사람 굉장히 똑똑한데." 그러잖아요? 그런데 말이라는 것은 성대 근육을 조종하는 능력이에요. 근육을 조종하지 못하면 말을 할 수가 없어요. 저는 음악을 좋아하고 여럿이 함께 악기를 연주하는 것도 참 좋아해요. 그런데 악기 연주를 하는 것도 근육이 하는 거예요. 드럼 스틱을 떨어뜨리고 피아노 건반을 잘못 누르면 바보 같아 보이는 것도 사실 근육이 실수하는 거죠. 결국 우리는 근육이 하는 걸 보고 지능이 있다 없다 판단하는 거예요.

우리가 근육을 원하는 대로 움직여 원하는 소리를 내고, 원하는 말을 하고, 원하는 음표를 치고, 드럼 스틱을 날리지 않고 리듬을 타려면 누군가

근육을 제어하고 조종해야겠죠? 그래서 생겨난 게 바로 뇌예요. 뇌가 신경을 뻗어 근육을 원하는 대로 움직이게 되면서, 동물들은 생존과 번식에 큰 도움이 되는 멋진 시스템을 갖게 된 거랍니다.

그렇다면 이 모든 걸 만들어낸 배후에는 누가 있을까요? 바로 유전자예요. 유전자가 가진 정보에 따라 단백질이 만들어지고, 단백질이 뭉쳐서 근육도 되고 뇌도 되니까 모든 것은 다 유전자에서 시작해요. 여러분이 앞으로 무슨 공부를 하든 이 사실을 잘 기억해 두는 게 좋답니다.

질문 있어요!
뇌를 조종당하는 생물에게도 지능이 있나요?

어떤 기생충들은 번식하려고 숙주의 뇌를 조종하기도 해요. 류코클로리디움이라는 흡충은 달팽이 몸속에서 살다가 숙주를 바꿔야 할 때가 오면 달팽이가 새에게 잡아먹히도록 만들어요. 새들의 눈에 띄기 쉽게 달팽이 머리에 촉수를 만들고 나무 꼭대기로 이동해 가도록 만들죠.

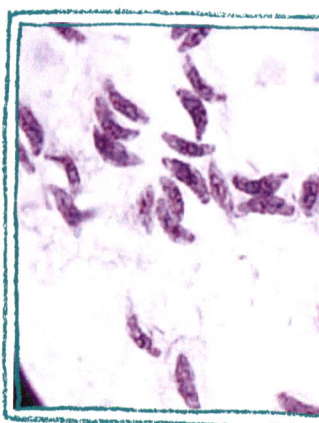

톡소포자충이라는 병균은 암수가 만나서 번식하려면 고양잇과 동물로 이동해 가야 해요. 그래서 처음에는 쥐를 숙주로 삼아 살다가, 때가 되면 쥐가 고양이의 냄새를 따라가도록 만들어요. 혈관을 타고 쥐의 뇌에 침투해 쥐가 고양이에게 애착을 느끼도록 쥐의 본능을 바꾸어 버리죠.

뇌를 조종당하는 숙주 생물은 자신에게 이로운 행동을 선택하는 능력을 잃어버려요. 그래서 자신을 죽음으로 몰아가는 행동을 선택하게 되죠. 이런 행동은 숙주의 지능이 아니라 기생충의 지능이 반영된 결과라고 봐야 해요. 어떤 행동이든 그게 누구의 지능에서 비롯된 것인지 잘 살펴봐야 해요.

알파고의 승리는 알파고를 개발해 인간을 이기겠다고 마음먹은 과학자들과 프로그래머들의 것이라고 볼 수 있어요. 지능은 그것을 소유한 생명체의 목적과 아주 밀접한 관련이 있답니다. 그래서 인공지능을 볼 때 인간의 지능을 먼저 생각해야 해요.

4

화성으로 간 인공지능과 땡땡이 부리는 뇌

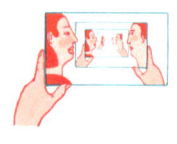

화성 탐사 로봇, 미션을 수행하라 오버

지능을 제대로 이해하려면 유전자와 뇌의 관계를 잘 알아야 해요. 그럴 수 있도록 제가 재미있는 이야기를 하나 들려줄게요. 바로 화성 탐사 로봇 이야기예요.

화성은 태양계 행성 중에서 지구와 가까우면서도 혹시 나중에라도 인간이 살 만한 유일한 곳이죠. 외계 생명체가 존재할 가능성도 없지 않고요. 그래서 인류는 1960년대부터 여러 차례 화성 탐사선을 쏘아 올렸습니다. 직접 화성 표면을 누비며 조사와 실험을 할 수 있는 로봇탐사차도 보내고요. 이 로봇탐사차를 로버라 부르는데, 현재까지 화성에 성공적으로 도착한 로버는 전부 4대입니다. 소저너호는 1997년에, 스피릿호과 오퍼튜니티호는 2004년에, 큐리오시티호는 2012년에 화성에 도착했어요.

로버를 화성에 보낸 이유는 '물이 있는지 알아봐라.' '생명체가 있는지 알아봐라.' '화성 표면이 어떤지 조사해 봐라.' 이런 여러 가지 일을 시키기 위해서예요. 로버에게 임무를 수행시킬 수 있는 가장 간단한 방법은 지구에서 직접 로버를 조종하는 거죠. 여러분이 어렸을 때 리모컨으로 장난감 자동차를 조종했던 것처럼요. 로버에 카메라를 여러 개 달아서 그 카메라가 보내온 영상을 보고 지구에 있는 과학자가 조이스틱 같은 것으로 로버를 조종하면 되겠죠? 로버를 원하는 데로 보내서 사진을 찍게 하고, 가다가 돌이 있으면 피하게 하고, 앞에 계곡이 있으면 뒤로 후진시키면서요. 어렵지 않을 것 같죠?

　그런데 그렇게 하지 못해요. 지구에서 화성에 있는 로버를 원격 조종하기엔 화성이 너무 멀기 때문이에요. 우주에서 가장 빠른 빛의 속도로 신호를 보내도 화성까지 닿는 데 평균 12분 정도가 걸려요. 그러니까 화성에서 온 신호를 받고 다시 지구에서 화성에 신호를 보내기까지 24분 정도가 걸리는 거예요.

　자, 과학자가 로버의 영상을 보니 로버가 벼랑에서 떨어지려 해요. 그건 로버가 벼랑에서 떨어지려고 한 게 이미 12분 전이었다는 이야기겠죠? 어

쨌든 그래서 "멈춰!" 하고 버튼을 딱 누르면 로버가 실제로 얼마나 있다 멈출까요? 12분이 지난 후겠지요. 뒤늦게 멈춰 본들 무슨 소용이 있겠어요.

그래도 처음 화성에 간 소저너호는 지구에서 과학자들이 보내주는 신호에 따라 움직일

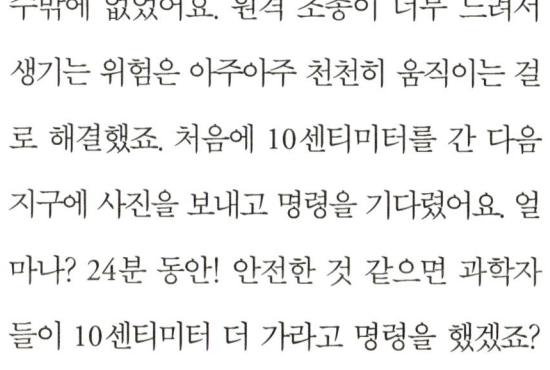

수밖에 없었어요. 원격 조종이 너무 느려서 생기는 위험은 아주아주 천천히 움직이는 걸로 해결했죠. 처음에 10센티미터를 간 다음 지구에 사진을 보내고 명령을 기다렸어요. 얼마나? 24분 동안! 안전한 것 같으면 과학자들이 10센티미터 더 가라고 명령을 했겠죠?

소저너호는 그렇게 하루 종일 1미터밖에 못 움직였다고 해요. 원래 소저너호는 분당 1미터 정도의 속도로 제법 빠르게 움직일 수 있었답니다. 하지만 지구에서 모든 판단을 내리다 보니 원래 자기가 낼 수 있는 속도보다 훨씬 천천히 움직일 수밖에 없었죠.

우주로 간 인공지능

그래서 과학자들은 몇 년 후 쌍둥이 로버인 스피릿호과 오퍼튜니티호를 화성에 보낼 때 간단한 인공지능을 만들어 장착했어요. 지구에서 원격 조종을 하는 대신 자기가 어디로 가야 할지를 로버 스스로 결정할 수 있게 한 거죠. 그 다음에 쏘아 올린 큐리오시티호에도 인공지능을 장착했고요.

지금도 화성에서 활동하고 있는 오퍼튜니티호와 큐리오시티호는 "내일은 저기 저쪽에 보이는 산마루까지 가 있어라." 하고 명령을 내리면 지구에서 과학자가 잠을 자도 자기 스스로 안전한 경로를 선택해 그곳까지 간답니다.

화성의 밤 기온은 영하 150도까지 떨어지기 때문에 추우면 스스로 히터도 작동시켜요. 태양 전지가 떨어지면 멈춰서 다시 충전될 때까지 기다리고요.

사실 로버들이 하는 일은 생명체가 살아가면서 문제를 해결하는 일과 많이 닮았습니다. 스스로 안전하게 이동하고, 체온을 유지하고, 필요한 에너지를 확보하는 건 거의 모든 동물들이 갖고 있는 능력이죠. 지능이란 환경에 맞춰 필요한 행동을 할 수 있는 능력이잖아요? 로버에 장착된 인공지능은 알파고와 비교하면 골동품에 가까울 만큼 보잘것없고 단순해요. 하지만 알파고가 바둑만 잘 두지 다른 것은 아무것도 못하는 반면 로버는 자기에게 닥친 여러 가지 문제를 스스로 해결하며 다양한 미션을 수행하지요.

자, 여기서 질문 하나 해 볼게요. 화성 탐사 로봇 큐리오시티호와 바둑의 신 알파고 중에 누가 더 지능이 높다고 말할 수 있을까요? 혹은 둘 중에 어느 것이 더 진짜 지능에 가까울까요? 여러분 스스로 한번 생각해 보길 바랍니다.

뇌의 주인을 찾습니다

화성 탐사 로봇의 이야기는 유전자와 뇌가 처한 상황과 논리적으로 흡사해요. 어떤 면에서 그런지 볼까요?

유전자가 아무리 빨리 일을 해도 세포 안에서 필요한 단백질 하나를 만드는 데 몇 분씩 걸려요. 그런데 세포가 작동하려면 단백질이 한 개만 필요한 게 아니라 수천 개가 필요해요. 만드는 것만 문제가 아니라 필요한 곳으로 가서 서로 다른 단백질들이 뭉쳐야 해요. 그렇게 오래 걸려서는 아무것도 못 하니까 유전자는 근육도 만들고 뇌도 만들어 냈죠.

　그렇다면 뇌를 조종하는 건 무엇일까요? 유전자가 만들었으니 유전자가 직접 그때그때마다 뇌를 조종할까요? 그건 가능하지도 바람직하지도 않아요. 그러려면 뇌를 왜 만들었겠어요? 유전자가 다 하고 말지. 지구에서 로버를 일일이 조종해서는 미션을 달성할 수 없듯이, 예상치 못했던 상황에 빠르게 대응하려면 유전자도 뇌에서 손을 떼야 해요.

　이제 유전자와 뇌의 알쏭달쏭한 관계를 눈치챘나요? 과학자들은 로버에 인공지능을 장착하고 행동을 선택할 수 있는 권한을 넘겨주었어요. 덕분에 로버는 효과적으로 미션을 수행할 수 있었죠. 유전자도 마찬가지예요. 유전자가 뇌에게 모든 권한을 넘겨준 덕분에 생명체는 효과적으로 문제를 해결할 수 있게 됐죠.

이렇게 보면 생명체의 진짜 주인은 뇌가 아니라 유전자예요. 뇌는 유전자에게 생명체의 안전과 효율을 책임지라는 임무를 받은 대리인이고요. 이런 관계를 경제학에서는 본인-대리인 관계라고 부른답니다. 과학과 경제학의 만남을 통해 뇌와 지능의 비밀에 한 걸음 더 다가가 볼까요?

대리인
자기를 대신해 모든 결정을 하는 사람을 말해요. 부모가 없는 미성년자는 법정 대리인이 필요해요.

일은 나누어 해야 제맛

어떤 문제를 잘 해결하려면 혼자보다 여럿이 함께하는 게 나을 때가 훨씬 많아요. 분업을 해야 더 효과적으로 문제를 해결할 수 있는 거죠. 여러분이 기타도 칠 수 있고 드럼도 칠 수 있다고 해 봐요. 둘 다 잘해도 혼자서 기타와 드럼을 동시에 연주할 수는 없죠? 그럴뿐더러 혼자 기타 치고 드럼 치는 것보다 다른 친구와 역할을 나

누어 함께 연주해야 더 멋진 음악이 나올 가능성이 높아요.

생명체도 마찬가지예요. 생명체가 자기에게 닥친 문제를 해결하기 위해서는 복잡한 신경 구조와 근육을 이용해 재빠르게 반응할 수 있어야 해요. 그래서 유전자는 뇌와 역할을 분담하고 뇌에게 "그건 네가 알아서 해." 하고 통제권을 넘겨주었어요.

사실 우리는 자기 일을 남에게 대신하게 할 때가 많아요. 이런 걸 '위임'

이라고 하죠. 부모님이나 선생님이 여러분에게 심부름을 시킬 때가 많죠? 그럴 때마다 부모님이나 선생님은 자기 권한의 일부를 우리에게 맡기는데, 이게 바로 분업과 위임이에요. 예를 들어 가게에 가서 물건을 사오라고 심부름을 시킬 때를 생각해 봐요. 어떤 길로 갈지, 걸어서 갈지 아니면 뛰어서 갈지 누가 결정하나요? 심부름의 내용과 상관없는 일들은 여러분이 알아서 결정하도록 하죠.

분업
물건을 만들거나 어떤 일을 할 때 한 사람이 하던 일을 여러 사람이 나누어 하는 걸 말해요.

위임
다른 사람에게 책임을 주고 어떤 일을 맡기는 걸 말해요.

분업과 위임을 하면 목적을 효과적으로 달성할 수 있어요. 회사도 더 큰 이익을 얻기 위해 여러 사람을 끌어들여 일을 나눠 맡기죠. 이런 경우는 우리 주변에 아주 많아요. 그런데 분업과 위임이 일어나면 골치 아픈 문제도 함께 발생해요. 위임을 받은 사람이 제대로 일을 하고 있는지 확인하지 못할 때도 많거든요. 또 그 사람이 위임한 사람을 속일 수도 있고요. 그래서 우리가 다른 사람에게 부탁을 할 때는 그 사람이 내 말을 들어줄 거라고 믿을 수밖에 없어요.

유전자도 "뇌야, 나는 너를 믿는다. 네가 알아서 내가 자기복제를 하는데 큰 지장이 없게 만들어 주렴." 하고 모든 걸 뇌에게 위임했어요. 그런데 유전자 입장에서 보면 이것만큼 위험한 것도 없어요. 뇌가 배신해 버리면 자기는 쫄딱 망하는 거니까요. 이런 배신을 어떻게 막을 수 있을까요?

땡땡이 부리는 뇌를 막아라

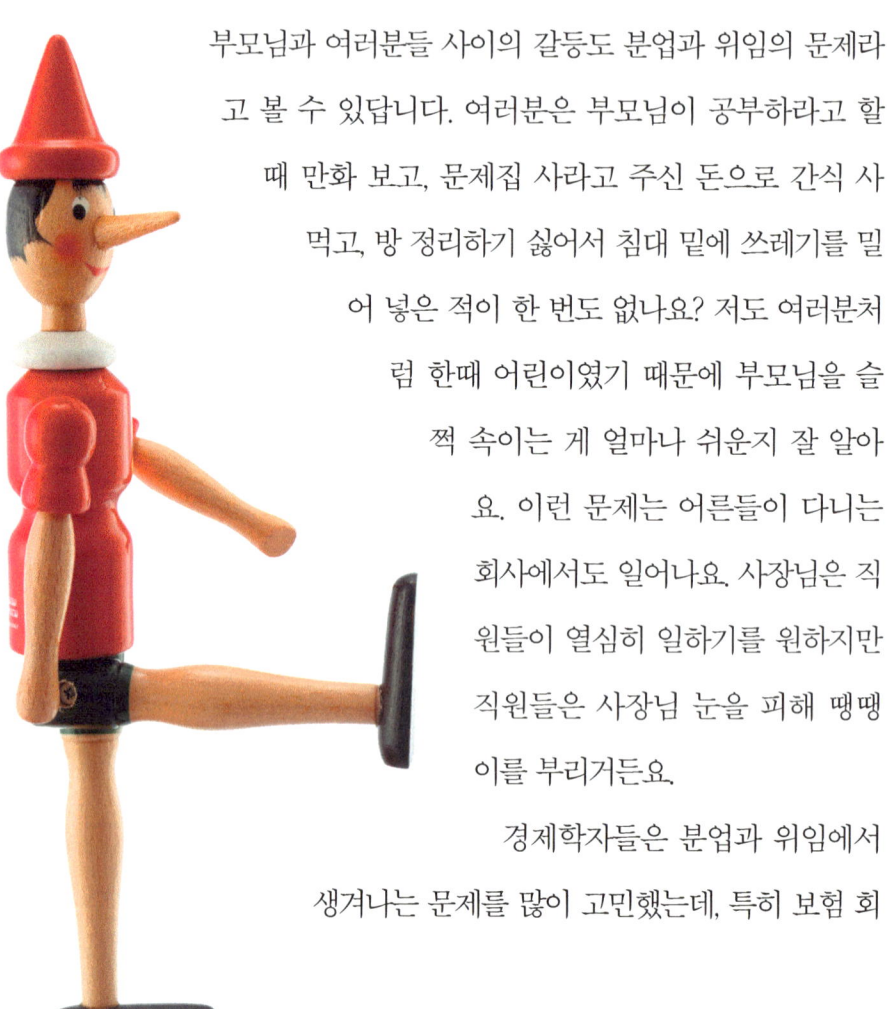

부모님과 여러분들 사이의 갈등도 분업과 위임의 문제라고 볼 수 있답니다. 여러분은 부모님이 공부하라고 할 때 만화 보고, 문제집 사라고 주신 돈으로 간식 사 먹고, 방 정리하기 싫어서 침대 밑에 쓰레기를 밀어 넣은 적이 한 번도 없나요? 저도 여러분처럼 한때 어린이였기 때문에 부모님을 슬쩍 속이는 게 얼마나 쉬운지 잘 알아요. 이런 문제는 어른들이 다니는 회사에서도 일어나요. 사장님은 직원들이 열심히 일하기를 원하지만 직원들은 사장님 눈을 피해 땡땡이를 부리거든요.

경제학자들은 분업과 위임에서 생겨나는 문제를 많이 고민했는데, 특히 보험 회사와 보험 가입자 사이의 관계를 많이 연구했어요. 자동차 보험을 예로 들어 볼까요? 운전을 하는 사람들은 자동차 보험을 들어요. 최선을 다해 사고를 안 내고 싶지만 혹시 사고가 나면 한꺼번에 큰돈이 필요하게 되니까 대비하기 위해서지요. 미리 보험금을 조금 내면 나중에 불행한 일이 닥쳤을 때 보험 회사가 돈을 대신 내 주니까 불안하지 않죠.

보험
사고, 질병, 화재 등 큰일이 일어날 것을 대비해 여러 사람이 돈을 조금씩 내서 큰돈을 마련하고, 돈을 낸 사람들 중 누군가에게 어려운 일이 생기면 그 사람에게 필요한 돈을 주는 제도예요.

도덕적 해이
빠져나갈 구멍을 믿고 게으름을 부리거나 약속을 어기는 걸 말해요. 손해를 다른 사람이 보상해 준다는 걸 알고 더 많은 문제를 일으키지요.

거기까진 좋은데, 일단 보험을 들고 나면 마음이 편해져서 부주의하게 차를 몰게 돼요. 그래서 사고가 많이 나고, 보험 회사는 계속 보험금을 지급해야 하죠. 그러다 보면 나중에는 어떻게 될까요? 보험 회사가 망하겠죠?

더 심한 예도 있어요. 비싸게 주고 산 스마트폰을 잃어버리거나 깨뜨릴까 봐 보험을 들잖아요? 그런데 그런 보험을 든 사람 중에는 새 스마트폰이 갖고 싶어서 스마트폰을 잃어버렸다고 사기를 치거나 일부러 스마트폰을 부수는 사람들이 있어요. 이렇게 함부로 사고를 내거나 거짓말하는 걸 도덕적 해이라고 해요.

도덕적 해이를 막으려면 어떻게 해야 될까요? 자동차 보험 회사가 할

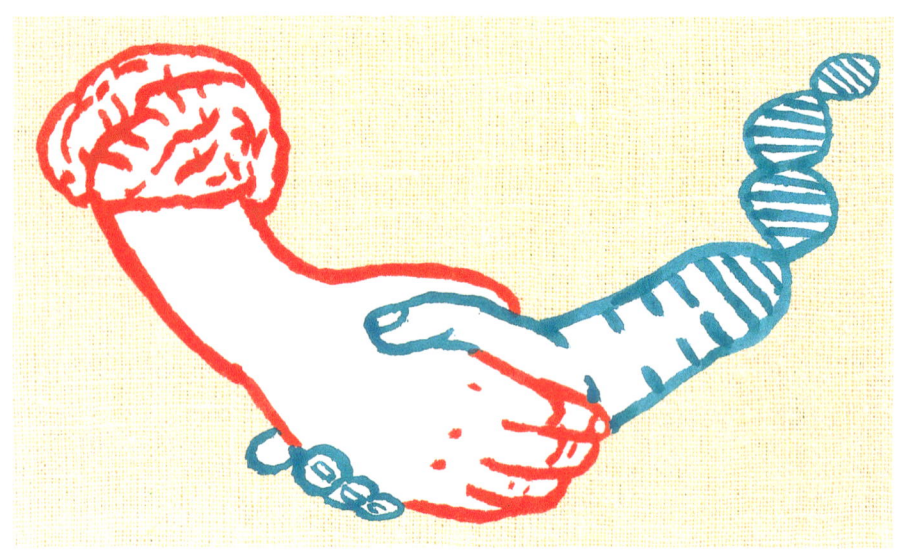

수 있는 한 가지 방법은 모든 차를 감시하는 거예요. 운전사가 졸거나 과속을 하는지 실시간으로 전부 다 보겠다는 건데 당연히 불가능하겠죠? 그래서 다른 방법을 사용해요. 사고가 나면 보험 회사가 돈을 다 내주는 게 아니라 운전자도 적지 않은 돈을 내도록 계약을 맺는 거예요. 그럼 운전자는 그 돈을 내기 싫어서 조심해서 운전하겠죠? 또 사고를 내지 않으면 그다음 해에 보험료를 깎아 줘요. 할인 혜택을 누리려고 운전자는 더욱 조심해서 운전을 하게 되죠.

뇌와 유전자의 관계도 마찬가지예요. 뇌는 종종 유전자에게 별로 도움이 되지 않는 결정을 내리거나 유전자 복제와 상관없는 일들을 하기도 해요. 심지어 잘못된 판단을 내릴 때도 있어요. 그건 유전자가 뇌한테 모든 걸 위임했기 때문에 어쩔 수 없이 발생하는 문제예요. 그렇다면 유전자는 어떤 방법으로 뇌가 땡땡이 부리지 않고 제 역할을 다하도록 할까요?

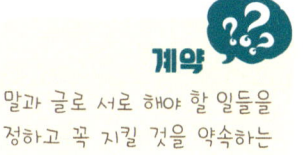

계약
말과 글로 서로 해야 할 일들을 정하고 꼭 지킬 것을 약속하는 걸 말해요.

　유전자는 보험회사가 그랬던 것처럼 뇌와 일종의 계약을 맺었답니다. 다음 장에서 유전자와 뇌 사이에 맺어진 비밀스러운 계약의 내용을 들려줄게요.

뇌에서 무슨 일이 일어나는지 어떻게 알까요?

옛날에는 뇌가 손상된 환자들을 통해서 뇌를 연구했어요. 예를 들어 발작을 일으키는 환자를 치료하려고 뇌에서 해마라는 부분을 제거했더니, 발작은 그쳤지만 더 이상 새로운 기억을 저장하지 못했어요. 누군가를 다시 만나도 그가 전에 만났던 사람이란 걸 전혀 기억하지 못하는 거죠. 그래서 해마가 새로운 기억을 형성하는 데 중요한 역할을 한다는 것을 알게 됐어요.

과학 기술이 발전하면서 '기능적자기공명영상'(fMRI)으로 뇌를 자세히 연구할 수 있게 되었답니다. 커다란 원통은 강한 힘을 지닌 자석이에요. 이 안에 사람이 들어가면 높은 주파수를 가진 전자파를 순간적으로 발사해요. 그러면 잠시 뒤에 뇌에 흡수됐던 전자파가 다시 방출되는데, 컴퓨터가 이 신호를 계산해서 뇌의 어느 부분이 활발히 움직였는지 보여 주는 영상을 만드는 거예요.

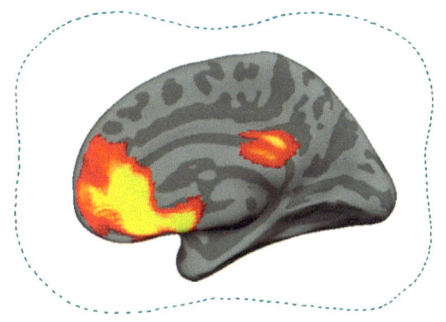

이 사진은 좋은 일이 생길 때 반응하는 뇌의 부위를 알려줘요. 우리가 보고, 듣고, 말하고, 울고, 웃을 때 찍은 뇌 사진을 보면 우리 뇌의 어느 곳이 얼마나 활성되는지 볼 수 있죠. 그 결과 뇌의 어떤 부위가 무슨 일을 하는지 알아낼 수 있어요. 하지만 이것은 간접적인 방법이라서 직접 뇌의 활동을 보다 정확하게 측정하려면 생쥐나 원숭이 같은 동물들의 도움이 필요해요.

뇌과학의 발달로 이제는 뇌의 활동을 측정하면 개인이 어떤 선택을 할지 예측할 수 있게 되었답니다. 우리가 어떤 행동을 선택할 때, 즉 의사결정을 할 때 뇌의 어떤 부분이 무슨 역할을 하는지 알면 더욱 올바른 선택을 할 수 있겠죠? 뇌과학은 내가 진짜로 원하는 게 뭔지, 나도 모르는 나의 재능이 무엇인지 알려 줄 수 있어요.

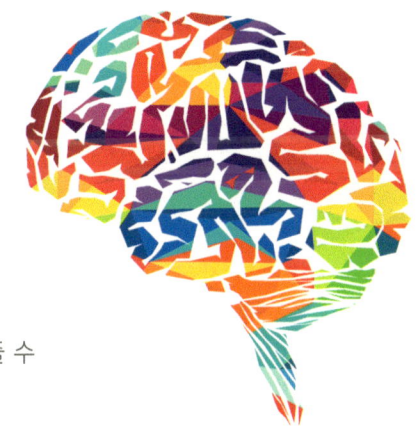

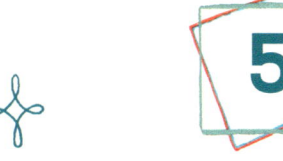

똑똑! 뇌에서 보내는
고마운 신호들

뇌와 유전자가 맺은 비밀 계약

동물들은 누가 가르쳐 주지 않아도 상한 음식, 뜨거운 물체, 귀청이 찢어질 듯 커다란 소리처럼 자신에게 상처를 주는 자극을 피해요. 반대로 맛있는 음식이나 목마름을 달래 주는 시원한 물처럼 살아가는 데 꼭 필요한 자극을 원하죠. 유전자가 뇌와 계약을 맺을 때 살아남는 데 유리하도록 이런 원칙을 미리 정해 놓았기 때문이에요.

하지만 이것만으로는 부족해요. 환경이 시시각각 변할 때 뇌가 어떤 행동을 선택해야 좋은 결과를 가져올지 유전자가 다 알지 못하거든요. 다 안다면 뭐 하러 뇌를 만들었겠어요? 그냥 유전자가 다 하고 말죠. 그래서 유전자는 뇌에게 권한을 위임합니다. 뇌는 스스로 판단해도 좋다는 허가증을 받은 셈이에요.

그렇다면 허가증을 받은 뇌가 해야 하는 일 중에 가장 중요한 일은 뭘까요? 답은 처음 태어난 뇌를 생각해 보면 알 수 있어요. 막 태어난 아기는

 가진 지식도 얼마 안 되고 할 수 있는 일도 별로 없지요? 그래서 뇌는 일단 배워야 돼요. 학습을 해야 하지요.
 '학습'이라고 하니까 연필 잡고 문제 푸는 게 떠올라 괜히 골치가 아프죠? 물론 시험공부도 학습의 한 방법이긴 해요. 하지만 제가 지금 이야기하는 학습은 뇌가 무언가를 배워 문제를 해결하는 모든 방법을 말해요. 아기들이 크면서 스스로 이것저것 알아 가는 그 모든 과정이 다 학습이에요. 길이가 1밀리미터밖에 안 되는 작은 벌레인 예쁜꼬마선충도 학습을 하며 살아간답니다.
 "뇌는 학습을 통해 올바른 문제 해결 방법을 스스로 찾아라!"

이게 바로 유전자와 뇌가 맺은 계약의 핵심이라고 말할 수 있어요. 그 결과 동물의 뇌는 잠시도 학습을 멈출 수 없게 되었어요. 우리가 때로 공부하기가 싫어지는 이유는 학습을 하지 않으려 해서가 아니랍니다. 책상에 앉아서 꼼짝 못 하고 공부를 하기보다는 운동이나 악기 연주처럼 더 신나는 학습을 원하기 때문이에요.

퍼즐 상자를 탈출하는 고양이

우리는 어떻게 학습을 할까요? 지금부터 약 100년 전에 미국의 심리학자 에드워드 손다이크는 자기가 키우는 고양이를 퍼즐 상자에 넣고 탈출하는 데 걸리는 시간을 쟀어요. 퍼즐 상자에서 탈출하려면 고양이는 줄을 잡아당기거나 지렛대를 눌러야 했죠. 결과는 어땠을까요? 실험을 반복할수록 탈출에 걸리는 시간이 점점 줄어들었답니다. 고양이가 학습을 해서 점점 탈출을 잘하게 된 거예요.

만약 퍼즐 상자 안에 갇혀 있던 고양이가 지렛대를 눌러 문을 열고 나왔을 때 자기가 먹고 싶은 생선을 받았다면 어떤 일이 일어날까요? 다시 상자에 갇혔을 때

또 지렛대를 누르겠지요. 반대로 지렛대를 눌러 문을 열고 나왔을 때 고통스러운 전기 충격을 받았다면 어떨까요? 다시 상자에 갇혀도 지렛대를 누르지 않을 거예요.

이때 전에 일어난 행동을 반복하게 만드는 자극을 '강화'라고 하고, 전에 일어난 행동을 피하게 만드는 자극을 '처벌'이라고 해요. 고양이 탈출 실험에서 알 수 있듯이 어

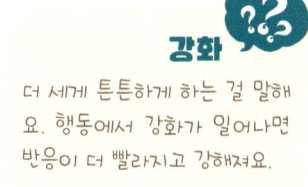

강화
더 세게 튼튼하게 하는 걸 말해요. 행동에서 강화가 일어나면 반응이 더 빨라지고 강해져요.

떤 행동과 결과 사이에는 연결고리가 있습니다. 여러분도 칭찬 받았던 행동은 계속하지만 혼나고 벌 받았던 행동은 그만두지요? 만약 어떤 행동을 했을 때 칭찬 받을지 혼날지 그 연결고리를 찾아내지 못하면 어떻게 될까요? 계속 혼나겠죠. 그러니까 지능이 높다는 건 행동과 결과 사이의 관계를 빨리, 그리고 많이 학습할 수 있다는 뜻이에요.

손다이크는 대부분의 동물들이 이런 학습 능력을 갖고 있다는 걸 확인하고 '결과의 법칙'을 만들었어요. 결과의 법칙이란 어떤 행동의 결과가 만족스러우면 다음에도 그 행동을 반복하고, 만족스럽지 않으면 다음에는 그 행동을 하지 않는다는 거예요. 어떻게 보면 당연한 이야기 같지만 아주 중요한 이야기예요. 알파고 같은 인공지능의 학습 방법도 여기에서 출발하거든요.

고양이 탈출 실험이 우리에게 말해 주는 게 하나 더 있어요. 퍼즐 상자에 처음 들어간 순진한 고양이는 어떻게 해야 문이 열리는지 전혀 몰랐을 거예요. 줄을 잡아당기거나 지렛대를 누르는 행동은 탈출과 아무런 상관이 없어 보이니까요. 그런데 고양이는 어떻게 그런 행동이 탈출에 도움이 된다는 걸 알아냈을까요?

답은 고양이의 호기심과 장난기에 있어요. 호기심은 얼핏 보기에 쓸데없는 것 같은 행동을 마구잡이로 만들어 내지만, 그중에서 원하는 결과를 가져오는 행동을 발견할 수 있게 해 줘요. 인간뿐 아니라 많은 동물들이 부모의 보호를 받고 자라는 어린 시절에 놀이에 많은 시간을 쓰는 것도 그런 이유랍니다. 공부한다고 호기심과 장난기를 억누를 필요는 전혀 없겠죠?

배고픈 생쥐와 목마른 생쥐 실험

그런데 뇌는 강화나 처벌을 통해서만 학습할까요? 혹시 다른 학습 방법은 없을까요? 심리학자들도 당연히 궁금했어요. 그래서 동물들이 강화나 처벌 없이도 학습할 수 있는지 실험해 보았답니다.

실험은 다음과 같아요. 우선 Y자 미로를 만들어 한쪽에는 먹이를, 다른 한쪽에는 물을 놓아둡니다. 그리고 쥐들이 원하는 만큼 충분히 먹이도 먹고 물도 마시게 한 다음 Y자 미로를 탐색하도록 했어요. 미로에

물과 음식이 있었지만 쥐들은 관심을 보이지 않았겠죠? 이미 배도 부른 상태고 목도 마르지 않으니까 강화나 처벌도 일어나지 않았고요. 이렇게 쥐들이 미로를 한동안 둘러본 뒤에, 그 쥐들을 두 그룹으로 나누어 한쪽은 목이 마르게 만들고 다른 쪽은 배가 고프게 만들었어요. 그런 다음 이 쥐들을 다시 Y자 미로에 들어가게 했지요.

자, 쥐들은 이때 어떤 행동을 했을까요? 미로의 아무 쪽이나 닥치는 대로 골라 들어갔을까요? 만약 모든 학습에 강화나 처벌이 필요하다면 그랬을 거예요. 하지만 놀랍게도 배고픈 쥐들은 먹이가 있는 쪽으로, 목마른 쥐들은 물이 있는 쪽으로 들어갔어요. 아까 들어갔을 때 배도 부르고 목도 마르지 않았지만 미로를 둘러보면서 먹이와 물이 있는 곳을 기억해 놓았던 거죠.

이처럼 동물들은 아무런 보상이 주어지지 않아도 주변 환경을 둘러보고 기억했다가 나중에 그걸 적절히 사용할 수 있어요. 이런 학습 방법을 잠재적 학습이라고 한답니다. 여러분이 아침에 학교에 가려는데 오후에 비가 올 거라는 일기예보를 들으면 어떻게 하나요? 귀찮아도 우산을 챙기죠? 우산이 없으면 비를 쫄딱 맞게 될 거라고 마음속으로 시뮬레이션을 할 수 있기 때문이에요. 새로 얻게 된 지식(비가 올 거래!)으로 어떤 일이 일

어날지 상상해 보고(우산이 없으면 물에 빠진 생쥐!) 행동을 선택하는 거예요.(우산을 챙기자!)

올바른 행동을 선택하려면 지금 당장 쓸모가 없더라도 여러 가지 정보들을 많이 알아 두는 게 좋겠죠? 하지만 당장 쓸모가 없는 걸 누가 배우고 싶어 하겠어요? 그래서 유전자는 이 문제를 해결하기 위해 호기심 많은 뇌를 발명해 냈답니다. 당장에는 아무런 도움이 되지 않더라도 궁금해하고 답을 찾고 지식을 쌓아 둔다면, 언젠가는 유전자의 자기 복제에 큰 공헌을 할 수 있으니까요.

그래서 인간은 누가 시키지 않아도 책을 읽고 음악을 듣고 여행을 하며 수많은 지식을 뇌에 저장해요. 그런 다음 두고두고 이용하게 되는 거죠.

시뮬레이션
어떤 일이 일어나게 될지 머릿속에서 순서대로 상상하거나, 컴퓨터나 모형을 이용해 미리 실험하고 계산해 보는 걸 말해요. 모의실험이라고 해요.

똑똑! 뇌가 보내는 고마운 신호들

우리가 잘 살아가려면 학습이 꼭 필요해요. 그렇다면 우리 뇌에서 학습이 일어나고 있는지 아닌지 체크할 수 있는 가장 좋은 방법이 뭘까요? 그건 바로 실수를 하는지 안 하는지 보는 거예요. 실수가 학습의 증거라니,

좀 이상하지요? 어른들이 "이걸 왜 틀렸어? 실수도 실력이야! 정신 똑바로 차리고 절대 실수하지 마!" 이런 말을 많이 하니까요.

하지만 실수가 없다는 건 학습이 일어나지 않고 있다는 증거예요. 실수를 안 한다는 건 살아가는 데 필요한 모든 걸 이미 다 알아서 척척 하고 있다는 뜻이죠.

우리는 오히려 실수에서 배워요. 저는 드럼을 치다가 스틱을 놓치는 실수를 하게 되면 '요렇게 하면 놓치는구나. 다음번에 이러지 말아야지.' 하고 하나를 더 배워요. 피아노 연습을 할 때도 틀린 건반을 칠 때마다 학습이 일어나고요.

오류
계산을 틀리게 하거나 논리적이지 못한 추리를 해서 나오는 잘못된 결과를 말해요.

뇌의 학습 방법이 많은 만큼 실수의 종류도 다양하답니다. 주말 오후에 부모님과 함께 차를 타고 마트에 갈 때 일어나는 일을 예로 들어 볼게요. 우리 가족 모두는 얼른 주차를 하고 쇼핑을 하고 싶어 해요. 주차할 자리는 되도록 입구 가까운 데면 좋고요. 그런데 입구까지 아직 멀었는데 자리가 하나 있네요. 어떻게 하죠? 입구 가까이에 자리가 있을지도 모르니까 그냥 지나쳐 가요. 벌써 가족 중에 누군가가 그냥 저기 주차하지 그랬냐고 잔소리를 하기 시작하겠죠. 자, 이제 우리는 마트 주차장에서 전혀 다른 세 가지 감정을 경험하게 될 거예요.

첫 번째 감정은 우리 가족이 주차한 자리가 보통 때 주차하던 자리보다 멀 때 일어나요. '지난번보다 더 먼 곳에 주차하다니!' 부모님도 여러분도 기분 나쁘죠? 이 감정은 '실망'이에요. 실망은 무언가 잘못되었다는 걸 알리는 오류 신호예요. 뇌는 선택을 할 때 주로 과거의 경험을 기준으로 삼아요. 그래서 전보다 적은 보상을 받거나 결과가 예상에 미치지 못하면 선택이 잘못됐다고 신호를 보내는 거예요.

두 번째 감정은 주차를 마치고 마트로 들어가다가 다른 빈자리를 봤을 때 일어나요. 이번에는 보통 때보다 가까운 자리에 주차를 해서 실망을 하진 않았어요. 그런데 더 가까운 곳에 빈자리가 하나 있는 거예요. 그럼 또 기분이 나쁘잖아요? 이 감정은 '후회'예요. 그때 그렇게 하지 말고 지금 이렇게 했으면 좋았을 거라고 뇌가 알려 주는 신호죠.

세 번째 감정은 그럭저럭 주차를 하고 마트에 들어가다가 우연히 친구네 가족을 만났을 때 일어나요. 알고 보니 친구네는 입구 바로 옆에 딱 주차를 한 거예요. 그럼 왠지 또 기분이 꼭 좋지만은 않지요? 이건 후회도 아니고 실망도 아니에요. 이건 '질투'예요. 질투도 뇌가 보내는 오류 신호예요.

실망해도 괜찮아, 실수해도 걱정 마

질투, 후회, 실망은 우리가 살아가면서 많이 경험하는 감정들이에요. 기분이 나쁘고 불쾌하지만 정상적인 과정이랍니다. 뇌는 이런 오류 신호를 받으면 열심히 더 많이 학습해서 오류를 없애거나 줄이려고 노력하거든요. 이런 부정적인 감정들은 뇌가 유전자에게 받은 권한을 잘 쓰기 위해 생겨난 신호로, 우리가 살아가는 데 없어서는 안 돼요.

제가 어렸을 때 친한 친구의 이모가 고통을 느끼지 못하는 병을 갖고 있었어요. 여섯 살 때인가 그분이 펄펄 끓는 라면 냄비를 그냥 잡는 걸 보고 어린 마음에 "와, 대단하다." 그런 생각을 했던 게 기억나요. 그런데 고통을 느끼는 능력은 생존에 정말로 필요한 능력이에요. 이 능력이 없다면 팔이 부러지고, 피가 줄줄 나고, 누가 와서 자기 살을 뜯어 먹어도 모를 테니까요. 그래서 이 병을 가진 사람은 대부분 오래 못 살아요. 제가 이 이야기를 들려주는 이유는 부정적이고 불쾌한 감정이 사실은 생존에 없어서는 안 되는, 너무나 중요한 감정이기 때문이에요.

저는 뇌과학을 공부하기 전에는 왜 후회를 하는지 몰랐어요. 이미 지나간 일을 되돌릴 수는 없잖아요? 그래서 후회처럼 바보 같고 이상한 감정도 없다고 생각했어요. 하지만 뇌의 학습 과정을 연구하면서 후회의 진짜 의미를 발견했어요. 후회는 뇌가 새롭게 얻은 지식으로 자신의 행동을 돌아볼 때 사용하는 전략이에요. '내가 그때 다르게 행동했더라면 어땠을까? 앞으로는 더 잘할 수 있을 거야!' 하고 뒤늦은 지혜를 발휘하는 거죠.

인간이 후회를 하는 건 엎질러진 물을 주워 담을 수 없다는 걸 몰라서가 아니에요. 뇌가 잠시도 학습을 멈추지 않기 때문에 실수에서 배우는 거예요. 여

러분도 어떤 일이 후회가 된다면 너무 속상해하지 말고 그 원인을 잘 살펴보세요. 다음에는 분명히 더 나은 선택을 할 수 있을 거예요.

그래서 저는 여러분에게 실수를 두려워하지 말라는 이야기를 꼭 해 주고 싶어요. 사실 저도 실수가 두려워요. 하지만 그걸 피하려고 아무 일도 안 하면 나중에 너무 늦은 한숨을 쉬게 돼요. 그러니 겁내지 말고 주눅 들지 말고 하고 싶은 일, 안 해 본 일 모두 마음껏 경험하고 탐험하길 바라요!

6

인공지능은 언제 인간을 따라잡을까?

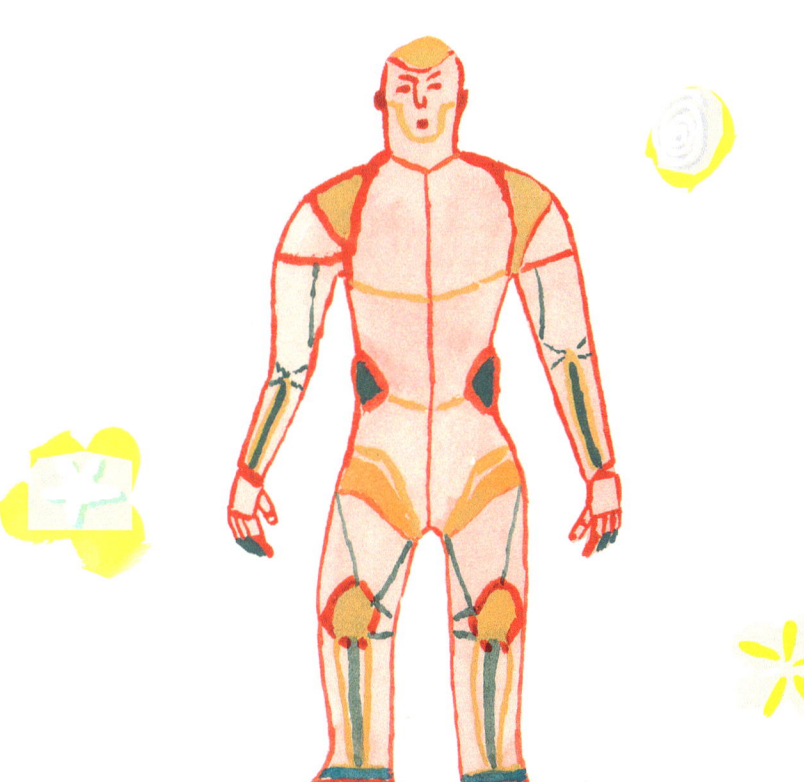

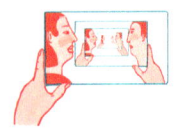

2045년의 내 모습

지난 몇 년간 인공지능의 성과는 놀라웠어요. 알파고처럼 바둑이나 게임을 하는 인공지능은 물론 외국어를 번역하거나 책을 쓰고 그림을 그리는 일처럼 예전엔 컴퓨터가 사람보다 잘하지 못했던 일들을 척척 해내는 인공지능이 자꾸 개발되고 있지요. 그래서 많은 사람들이 인공지능이 사람보다 더 똑똑해지는 것은 시간문제라고 말해요.

그런데 여러분은 지금껏 제 이야기를 들으면서 어쩌면 제가 인공지능을 좀 무시하는 것 같다고 느꼈을지도 몰라요. 알파고가 구닥다리 화성 탐사 로봇보다 더 뛰어난 인공지능이 맞는지 의심하질 않나, 심지어 여러분이 알파고에게 꿀릴 게 전혀 없다고 말했으니까요.

사실 알파고가 아무리 바둑을 잘 둔다 해도 바둑 하나밖에 잘할 줄 모르는 인공지능은 별로 겁날 게 없어요. 바둑 안 하고 딴 거 하면 되는데 뭐가 걱정이겠어요? 인공지능과 경쟁하는 걸 피하면 되니까요. 하지만 인공지능이 인간이 하는 모든 것을 잘하게 되면 문제가 달라져요. 운전도 사람보다 잘해, 정치도 사람보다 잘해, 음악도 사람보다 잘해, 심지어는 글을 쓰고 사람들을 치료하는 것도 인공지능이 더 잘한다면 그건 좀 겁나는 일이지요.

이렇게 인공지능이 인간을 앞서가기 시작하는 때를 '특이점'이라고 부른답니다. 2045년 정도가 되면 인공지능이 특이점에 도달한다고 예측하는데, 그때쯤이면 여러분은 마흔 살 안팎의 아저씨, 아줌마가 되어 있겠네요.

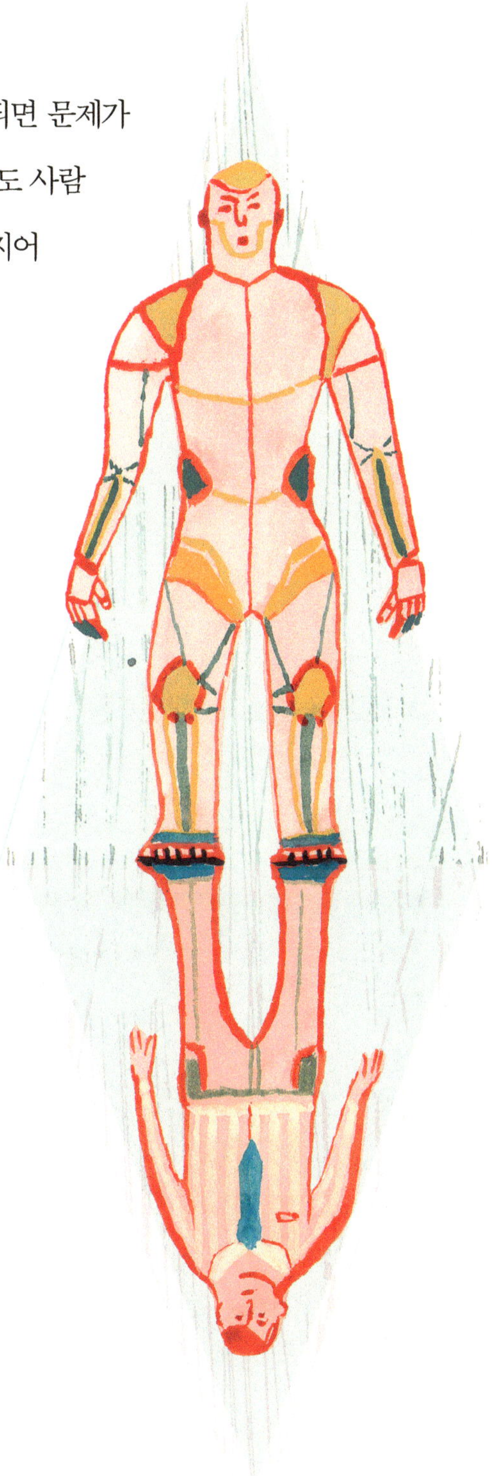

특이점
정해진 기준을 뛰어넘어 특별히 달라지는 지점을 말해요. 수학에도 특이점이 있고, 블랙홀의 중심에도 특이점이 있어요.

컴퓨터와 인간의 곱셈 대결

정말 2045년에 특이점이 올까요? 어떤 사람들은 알파고가 이미 인간 최강자를 이기지 않았느냐, 특이점이 벌써 온 거 아니냐고 묻기도 해요. 하지만 특이점은 어떤 한 분야가 아니라 모든 영역에서 인공지능이 인간을 넘어서게 되는 때라서 아직은 아니에요. 모든 면에서 인간보다 더 뛰어난 능력을 가진 인공지능을 '강한 인공지능' 또는 '일반 인공지능'이라고 부르는데, 그러니까 특이점이란 강한 인공지능이 현실이 되는 때를 말하는 거죠.

인공지능이 인간의 지능을 뛰어넘는 시점을 정확하게 예측하려면 세 가지 정보가 필요해요. 첫째는 '지금 현재 인공지능은 이 정도다.'라는 측정값이고, 둘째는 '인간의 지능은 이 정도다.'라는 측정값이에요. 그래야 둘을

비교해 무엇이 더 뛰어난지 가릴 수 있으니까요. 셋째로 인공지능의 성능이 얼마나 빨리 향상되고 있는지도 알아야 해요. 반면에 인간의 지능이 얼마나 빨리 진화하는지는

측정값
기준을 잡아 크기, 거리, 무게, 속도 등을 재고 그걸 숫자로 나타낸 값이에요.

구태여 신경 쓸 필요가 없어요. 앞으로 몇십 년 후에도 인간의 지능은 지금과 별로 다를 바가 없을 테니까요.

　이 세 가지 중에서 비교적 알기 쉬운 건 인공지능의 수준과 인공지능의 발전 속도예요. 인공지능은 컴퓨터로 구현되고, 컴퓨터는 인간이 만든 거니까 우리는 컴퓨터가 얼마나 빠르고 똑똑한지 잘 분석할 수 있거든요. 현재 세계에서 가장 빠른 슈퍼컴퓨터는 중국에 있는데, 1초당 수학 계산을 얼마나 많이 하는지를 재서 1등을 뽑은 거예요. 마찬가지로 매년 컴퓨터의 계산 속도가 얼마나 빨라지는지 추적해 보면 인공지능의 발전 속도를 알 수 있어요. 하지만 사람은 곱셈 나눗셈을 그렇게 빨리 할 수도 없고, 그런 계산을 빨리 하는 게 큰 의미도 없어요. 제가 지금껏 이야기해 왔듯 지능은 다양한 문제를 해결하는 능력이기 때문에 인간의 지능을 계산 속도 같은 하나의 숫자로 나타낼 수 없기 때문이에요.

　그럼 어떻게 인공지능과 인간의 지능을 비교할까요? 커즈와일이라는 미래학자는 컴퓨터에서 계산을 담당하는 컴퓨터 칩과 인간의 뇌 안에서 계산을 담당하는 신경 세포의 성능을 비교하는 방법을 사용했어요.

불을 켜는 스위치와 키스하는 시냅스

쭈글쭈글한 주름투성이인 인간의 뇌 안에서 가장 중요한 역할을 하는 건 신경 세포예요. 그런데 신기하게도 신경 세포들은 각자가 따로따로 일을 하는 게 아니라 서로서로 정보를 주고받으며 일을 한답니다. 신경 세포들끼리 정보를 주고받으려면 일단 만나야겠죠? 두 개의 신경 세포가 만나는 곳을 시냅스라고 하는데, 시냅스를 발견한 카할이라는 과학자는 신경 세포가 서로 만나는 모습을 보고 입맞춤을 한다는 아주 멋진 표현을 했어요.

신경 세포에 어떤 신호가 들어오면, 바로 이 시냅스를 통해 그 신호가 다음 신경 세포에게 전달됩니다. 여기서 시냅스가 하는 일은 일종의 스위치라고 생각할 수 있어요. 전등을 켜고 끄는 스위치 말이에요. 이때 재미있는 건 스위치의 연결이에요. 스위치 두 개를 사용해서 꼬마전구를 켜고 끄는 회로를 생각해 보세요. 직렬로 연결했다면 두 개의 스위치를 다 켰을 때만 꼬마전

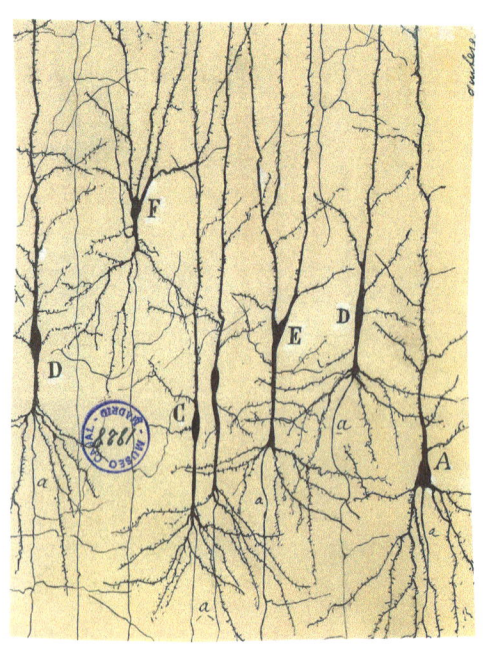

구에 불이 들어오겠죠? 하지만 회로를 병렬로 연결했다면 두 개의 스위치 중에서 하나만 켜도 꼬마전구에 불이 들어올 거예요.

직렬과 병렬

전기 회로를 한 줄로 연결하면 직렬, 두 개 이상의 길로 나란히 연결하면 병렬이에요. 직렬은 한 곳만 끊어져도 전류가 차단되지만, 병렬은 어느 한 곳이 끊어져도 다른 곳으로 전류가 흐를 수 있어요.

그런데 컴퓨터가 정보를 처리하는 방식도 시냅스처럼 여러 개의 스위치가 결합해 전구에 불을 켜고 끄는 것과 같아요. 스위치가 올라가고 내려가는 것을 0과 1로 표현해 볼까요? 그럼 두 개의 스위치 상태에 따라서 불이 켜지고 꺼지는 게 마치 두 개의 숫자를 결합해서 새로운 숫자를 만들어 내는 일종의 계산과 같아져요.

여러분도 컴퓨터가 0과 1, 두 개의 숫자로만 작동한다는 이야기를 들어

봤죠? 실제로 컴퓨터를 뜯어 보면 그 안에는 수많은 트랜지스터들이 들어 있는데, 이 트랜지스터가 바로 스위치 역할을 하는 작은 전자 회로랍니다.

자, 스위치 두 개를 직렬 또는 병렬로 연결하면 그때마다 불을 켤 수 있는 방법이 달라지죠? 마찬가지로 뇌 속에 있는 시냅스의 연결 방법을 바꾸면 뇌가 하는 일이 달라져요. 컴퓨터 속에 있는 트랜지스터의 연결 방법을 바꾸면 컴퓨터가 하는 일도 달라지죠. 알고 보면 뇌와 컴퓨터는 작동하는 원리가 꽤 비슷해요.

그래서 컴퓨터 공학자들은 이런 원리를 이용해 뇌를 닮은 인공 신경망을 만들어 냈어요. 우리 뇌의 신경망은 스위치 역할을 하는 수많은 시냅스로 이루어져 있는데, 이걸 모방해서 트랜지스터를 엄청나

신경망
수많은 신경 세포가 그물 모양으로 연결되어 있는 걸 말해요.

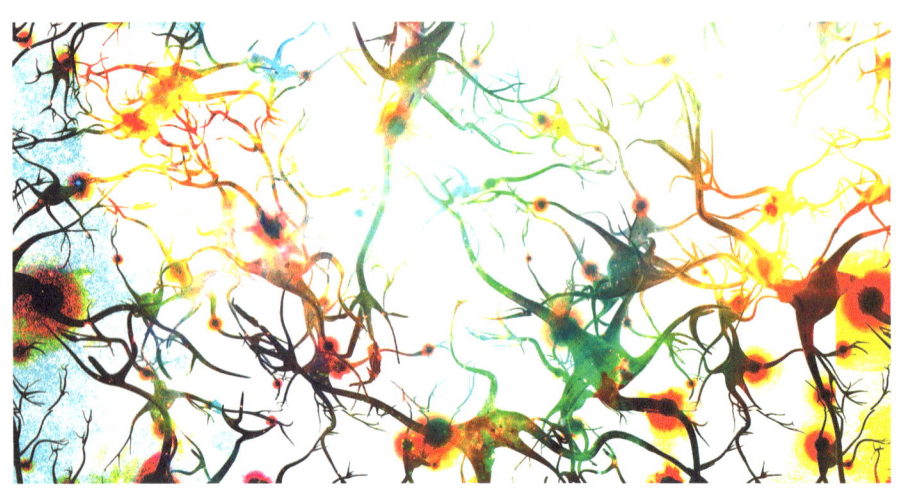

게 많이 연결해 복잡한 인공 신경망을 만들면 뇌와 같은 일을 할 수 있거든요. 지금 최첨단 인공지능을 연구하는 사람들은 이런 인공 신경망을 연구하고 있습니다. 알파고도 일종의 인공 신경망이지요. 인간의 뇌를 닮고자 하는 인공 신경망이랍니다.

인공지능은 언제 인간을 따라잡을까?

컴퓨터의 성능은 트랜지스터 숫자로 비교할 수 있어요. 1978년에 나온 컴퓨터는 약 2만 9000개의 트랜지스터에 해당하는 성능을 갖고 있었는데, 요즘 나온 최신형 컴퓨터는 100억 개의 트랜지스터와 맞먹는다고 해요.

우리 뇌의 성능도 컴퓨터처럼 신경 세포와 시냅스의 숫자로 표현해 볼 수 있어요. 인간의 뇌에는 대략 1000억 개의 신경 세포가 있고, 각각의 신경 세포에는 평균적으로 약 1000개의 시냅스가 있어요. 그래서 인간의 뇌에는 약 100조 개의 시냅스가 있답니다. 시냅스 하나가 트랜지스터 하나라고 보면, 인간은 100조 개의 트랜지스터를 가진 컴퓨터와 맞먹는다고 할 수 있지요.

엄청나게 큰 숫자가 줄줄이 나오니까 복

트랜지스터
반도체로 만든 작은 전자 회로예요. 반도체는 때에 따라 전기가 흐르거나 흐르지 않기 때문에 스위치 역할을 할 수 있고, 전기 신호를 크게 만드는 증폭 작용도 해요.

잡하고 헷갈리지요? 간단히 비교해 줄게요. 요즘 스마트폰은 대략 트랜지스터 30억 개를 갖고 있어요. 그러니까 여러분 뇌는 스마트폰 3만 대와 맞먹는 거예요! 대단하지요?

컴퓨터는 만들어진 지 이미 수십 년이 지났기 때문에 발달 속도를 거의 정확하게 예측할 수 있답니다. 컴퓨터의 성능은 2년마다 두 배로 뛰어요. 이걸 무어의 법칙이라고 하는데, 이 법칙대로라면 앞으로 약 30년 후에는 100조 개가 넘는 트랜지스터를 가진, 우리 뇌와 비슷한 컴퓨터가 만들어질 거예요. 인공지능이 곧 인간을 뛰어넘을 거라고 말하는 사람들은 바로 이런 논리를 펴고 있는 거예요.

"인간의 뇌에는 약 100조 개의 스위치가 있다. 그럼 우리가 100조 개의 스위치를 가진 컴퓨터를 만들어 내는 시점이 언제쯤일까 따져 보자. 그게 바로 30년 뒤다! 얼마 안 남았어!"

정말 그런 것 같죠? 그런데 이 말이 맞아떨어지려면 시냅스 하나가 트랜지스터 하나와 맞먹어야만 해요. 시냅스와 트랜지스터가 하는 일이 비슷하긴 하지만, 정말 시냅스 하나가 트랜지스터 하나일까요? 만약 그게 아니라면 어떻게 되는 거죠? 궁금할 때 직접 눈으로 확인해 보는 게 최고예요. 자, 이제 시냅스를 전자 현미경으로 들여다봅시다.

신기하고 놀라운 신경 세포 관찰 보고서

시냅스를 언뜻 보면 신경 세포들이 만나 뽀뽀하는 것 같아요. 입술과 입술이 맞닿아 있는 것처럼요. 하지만 이 부분을 백 배, 천 배 확대하면 모습이 좀 달라 보여요. 아래 그림을 보세요. 스위치라고 하기엔 굉장히 많은 단백질과 지방이 정말 복잡하게 얼키설키 얽혀 있죠?

신경 세포들이 의사소통을 할 때는 전기 신호를 써요. 찌릿! 하는 그 느낌 있잖아요. 그런 전기 신호가 다음 신경 세포로 전달될 때는 화학 신호를 써요. 그때 신경전달물질

신경전달물질
시냅스에서 신호를 주고받는 데 쓰이는 화학 물질로 수십 가지 종류가 발견되었어요. 신경전달물질이 부족하면 쉽게 흥분하거나 우울해지기도 해요.

을 사용해요. 신경전달물질은 아주 작은 봉다리 같은 곳에 들어 있는데, 그 봉다리가 신경 세포 끝 부분에 와서 팍 터진답니다. 그러면 터져 나온 알갱이들이 시냅스로 흩어져 다음 신경 세포막에 가서 붙어요. 알갱이가 붙으면 신호가 전달된 거예요.

그런데 이 작은 봉다리들이 정말 엄청나게 많습니다. 종류도 다

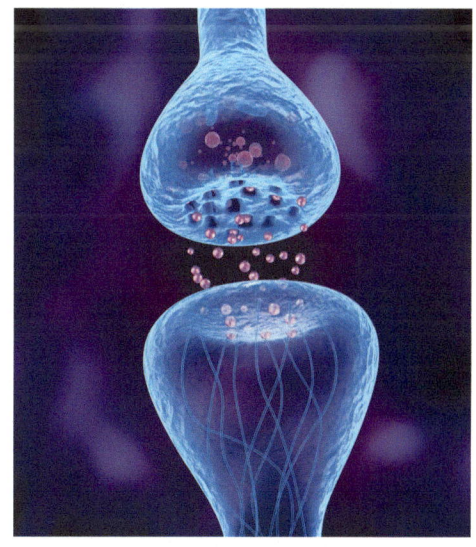

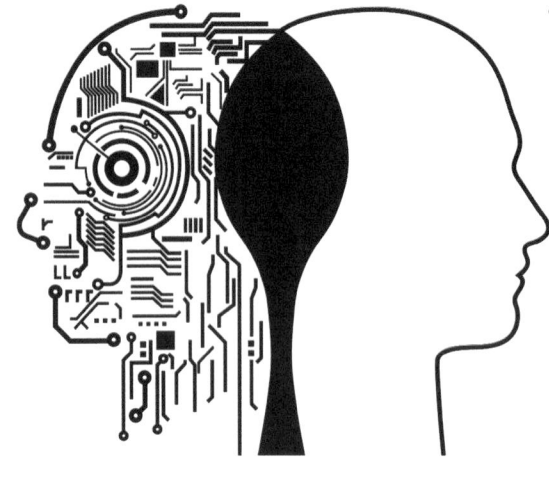

양하고 봉다리가 알갱이를 분비하는 양도 항상 똑같지 않아요. 그동안 이 신경 세포가 얼마큼 활동했는지, 우리가 자고 있는지 아닌지에 따라 달라요. 그때그때 신경 세포의 기분에 따라 분비량이 달라지는 거예요.

맞아요. 시냅스는 스위치는 스위치인데 항상 똑같은 일을 하는 스위치가 아니라 굉장히 많은 요소가 서로 연결된 아주 아주 복잡한 스위치라고 볼 수 있어요. 그렇기 때문에 시냅스 하나가 스위치 몇 개의 역할을 하는지 아직 누구도 정확히 알지 못합니다. 시냅스 하나가 스위치 하나이고, 그래서 트랜지스터 하나와 맞먹는다고 딱 잘라 말할 수 없지요.

시냅스 하나가 트랜지스터 하나와 같다면 특이점이 금방 오겠지만, 그건 절대 아니에요. 그럼 시냅스 하나는 트랜지스터 몇 개냐고요? 전자 현미경으로 들여다보기만 해도 1 대 1은 아니었어요. 그럼 시냅스가 아니라 신경전달물질 하나하나를 스위치라고 생각해 보면 어떨까요? 그렇게 보면 시냅스 하나에 최소한 1억 개 이상의 스위치가 들어 있다고 볼 수 있어요. 그럼 '1 대 1'이 아니라 '1억 대 1'이 돼요. 인공지능이 뇌를 따라오려면 당연히 훨씬 더 많은 시간이 필요하겠죠. 시냅스 하나가 정확히 스위치 몇 개인가를 아는 날이 올 때까지는 섣부르게 인공지능이 인간을 따라잡는 시점을 과학적으로 예측할 수 없겠지요?

사과만 먹어 본 사람이 수박의 크기를 알까?

저는 수십 년 내에 인공지능이 인간을 초월한다는 주장에 동의하지 않아요. 이유는 간단해요. 인간은 자신의 지능에 대해 아직 잘 모르기 때문이에요. 인공지능을 연구하고 개발하는 사람들도 인간의 지능에 대해 인공지능만큼 잘 알지 못해요. 뇌와 신경계를 연구하는 과학자들도 시냅스가 정확하게 어떤 기능을 하는지 아직 모르는 게 많고요.

인간의 지능도 잘 모르면서 어떻게 인공지능이 딱 그 시점에 인간을 따라잡을 거라고 예언할 수 있겠어요? 그런 말을 하는 건 짬뽕을 안 먹어 본 사람이 "짜장면이 짬뽕보다 맛있다."라고 말하는 것과 똑같아요.

인공지능이 인간을 따라잡을 거라고 쉽게

말해선 안 되는 중요한 이유가 하나 더 있습니다. 그건 인간을 포함해 동물의 뇌와 지능에겐 주인이 따로 있기 때문이에요. 뇌와 지능은 그 자신을 위해서 존재하는 것이 아니에요. 자기복제를 거듭하며 살아남는 생명체의 한 부분이자, 대대로 전해지는 유전자의 대리인이지요.

인간이 만들어 낸 인공지능 역시 인간을 위해 존재하는 인간의 대리인이에요. 혹시라도 아주아주 먼 미래에 인공지능이 인간의 도움 없이 스스로를 복제해 대대로 살아남는 능력을 가지기 전까지 인공지능은 인간의 명령을 따르는 대리인 역할을 할 수밖에 없어요.

사람들은 늘 자기들이 잘 모르는 대상에 대해서는 일단 겁을 먹어요. 이

것은 일상에서 늘 경험하는 정상적인 반응이지만, 그렇다고 해서 모든 사람들이 인공지능 같은 새로운 기술에 대해 그렇게 겁을 내는 것은 좋지 않아요. 겁을 내고 피하기보다는 오히려 인공지능을 이용  해서 어떻게 하면 더 평화롭고 깨끗한 세상을 만들 수 있을까 고민하는 게 훨씬 낫겠죠?

 인공지능이 머지않아 인간의 능력을 모두 따라잡고, 인간이 더 이상 필요 없어지는 세상이 올 것이라는 위협은 지나친 과장일 뿐이랍니다.

질문 있어요!
인공지능도 생명체의 지능처럼 학습을 하나요?

"오케이, 구글. 내일 약속 몇 시지?"

"시리야, 오늘 날씨가 어때?" "지니야, 내가 좋아하는 음악 좀 틀어 줘." 우리가 가장 흔하게 접하는 인공지능은 개인 비서 서비스예요. 쓰면 쓸수록 우리가 무슨 말을 하는지 금방 알아듣고 무엇을 좋아할지 잘 알아맞히죠. 인공지능이 점점 똑똑해지는 것은 학습 능력을 갖고 있기 때문이랍니다.

기계가 하는 학습, 딥러닝

인공지능 비서들은 우리 뇌의 신경망을 본떠 만든 '딥러닝'이란 학습 알고리듬을 갖고 있어요. 지금까지 우리가 쓰던 컴퓨터는 문제를 입력하면 바로 계산해서 그 답만 딱 알려주고 끝났죠. 하지만 딥러닝은 층층이 연결된 수많은 인공 신경망을 이용해 계속 데이터를 수집하고 계산을 반복한답니다. 그러면서 정확한 답을 찾아 나가는 거예요.

우리 곁의 인공지능

인공지능은 빅데이터라고 불리는 엄청난 양의 정보를 분석해서 다음번에 더 나은 선택을 하도록 도와주죠. 딥러닝으로 그림을 그리고 음악을 만드는 인공지능들도 있어요. 독일 튀빙겐 대학교 과학자들은 어떤 사진이든 유명한 화가의 그림처럼 만들어 주는 인공지능을 개발했어요. 고흐의 그림을 학습한 인공지능 프로그램에 풍경 사진을 입력하면 마치 진짜 고흐가 그린 것처럼 멋지게 바꿔 주죠.

인공지능은 스스로 학습하는 능력을 갖고 있지만 그건 인간이 만들어 준 알고리듬 덕분이에요. 딥러닝은 복잡한 문제를 잘 해결하지만 어떻게 답을 냈는지 모르는 경우도 있어요. 그래서 우리가 이 알고리듬과 데이터를 잘 관리하는 게 중요하답니다.

7

세상을 촘촘히 연결하는 뇌와 지능

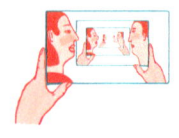

거울을 보는 까치와 거울 뒤를 보는 강아지

인간의 지능에 관한 이야기를 할 때 절대 빼놓을 수 없는 이야기가 한 가지 남아 있어요. 그 이야기를 하기 전에 먼저 여러분 주위에 거울이 있다면 한번 들여다보세요. 뭐가 보이나요? 당연히 여러분 자신의 모습이 보이죠? 그런데 우리는 거울 속에 비친 모습이 자기 자신의 모습이라는 것을 어떻게 알까요? 정말 신기하지 않나요?

거울 속에 내가 비치니까 그게 바로 나지 무슨 소리냐고요? 그럼 질문을 바꿔 볼게요. 개나 고양이와 같은 다른 동물도 거울에 비쳐진 모습이 자기 자신이라는 것을 알까요?

이 질문에 대한 답을 찾기 위해서 과학자들은 여러 동물들을 대상으로 거울 검사를 했어요. 그 방법은 간단해요. 우선 동물의 얼굴에 페인트로 아주 눈에 잘 띄는 점을 그려 넣어요. 페인트는 당연히 냄새도 없고 독성도 없는 걸 쓰지요. 그런 다음 동물을 거울이 있는 방 안에 넣어 놓고 관찰을 하는 거예요.

여러분이 거울을 봤어요. 그런데 얼굴에 아주 눈에 잘 띄는 큰 점이 떡 하니 그려져 있다면 어떻게 하겠어요? 당장 무언가로 닦아 내려고 하겠죠? 다른 동물들도 마찬가지예요. 거울 속에 비친 모습이 자기 자신이라는 걸 아는 동물들도 그것을 없애려고 노력해요. 돌고래는 점을 자세히 보려고 고개를 막 끄덕거리고 코끼리는 코로 점을 비빈답니다. 만일 동물이 거울 속에 있는 그 누군가가 자기 자신이라는 것을 모른다면 어떨까요? 아무런 이상한 행동을 보이지 않아요.

지금까지 여러 동물들이 이와 같은 거울 검사를 받았는데, 합격한 동물들은 그리 많지 않답니다. 우리와 비교적 친한 개와 고양이는 거울 검사를 통과하지 못해요. 개나 고양이는 거울 속에 비친 자신의 모습을 보고 공격하려 하거나, 거울 뒤에 누가 숨어 있나 돌아가서 확인하려고 하죠.

놀랍게도 인간과 같은 영장류에 속하는 원숭이도 오로지 훈련을 통해서만 거울에 비친 모습이 자신이라는 것이라는 것을 알 수 있어요.

영장류
원숭이, 침팬지, 인간처럼 머리가 좋고 물건을 잡을 수 있는 손과 발이 있는 동물을 말해요.

반면에 인간과 함께 대형 유인원으로 분류되는 침팬지와 고릴라는 거울 검사를 통과하죠. 침팬지는 거울을 주면 그걸 이용해서 사람들처럼 자신의 이 사이에 끼어 있는 음식물들을 제거하는 데 사용하기도 한답니다. 비록 지금은 서로 다른 모습을 하고 있지만 유인원이 같은 조상으로부터 분리되기 시작한 것이 겨우 1500만 년 정도밖에 안 됐다는 걸 생각하면 딱히 놀랄 일도 아니라고 할 수 있어요.

흥미로운 것은 유인원과 최소한 3억 년 전에 갈라져 나간 새 중에도 거울 검사를 통과하는 친구들이 있다는 거예요. 그 대표적인 경우가 바로 우리 주위에서 자주 볼 수 있는 까치죠. 까치가 주제 파악을 좀 하나 봐요. 그렇죠? 우리나라 사람들은 옛날부터 까치가 좋은 소식을 전해 주고 반가운 손님이 오는 것도 알려 준다며 까치설날도 만들어 주고 까치밥도 남겨 줬어요. 그래서 그런지 더 신기하게 느껴져요.

독심술로 나를 찾아라!

이처럼 뇌를 가진 동물들이라고 다 자신을 알아볼 수 있는 능력을 갖고 있는 것은 아니랍니다. 또 인간이나 유인원만 이런 능력을 가진 것도 아니에요. 그렇다면 자신을 알아볼 수 있는 능력은 왜 생겨났을까요?

그 이유는 집단생활과 밀접한 관련이 있어요. 동물 중에서도 특히 사람은 참으로 복잡한 사회생활을 하지요. 사람이 복잡한 사회생활을 하는 것은 세상에 얼마나 많은 직업이 있는지를 보면 잘 알 수 있어요. 선생님, 의사, 농부, 군인, 변호사, 엔지니어, 과학자, 영화배우, 운동선수, 청소부……. 직업의 종류는 일일이 셀 수도 없을 정도예요.

반면에 대부분의 동물들은 집단을 이루기는 하지만 인간에 비해서 역할을 분담하는 방법이 비교적 단순하죠. 예를 들어 개미들도 여왕개미와 일개미처럼 역할을 나누기는 하지만 인간처럼 다양한 종류의 직업을 갖고 있진 않으니까요.

인간 사회가 다른 동물 집단보다 더 복잡한 건 사람들이 저마다 다른 성격을 가진 탓도 있어요. 사람마다 타고난 재능과 성격이 다르기 때문에 여러 사람이 모여서 일을 하면 좋은 점이 많죠. 사람들마다 생각하는 방식이 다르니까 서로 모자란 부분도 보충해 주고 자기가 해결 못 하는 일도 함께 도울 수 있거든요.

그런데 이렇게 복잡한 사회생활을 잘하려면 꼭 필요한 게 있어요. 바로 다른 사람이 무슨 생각을 하고 어떤 것을 원하는지 알아차려야만 해요. 다른 사람의 마음을 읽는 능력이 필요한 거죠. 이렇게 다른 사람의 마음을 읽을 수 있는 능력을 '마음이론'이라고 해요.

물론 우리는 다른 사람의 생각을 완벽하게 읽을 수 있는 능력을 갖고 있

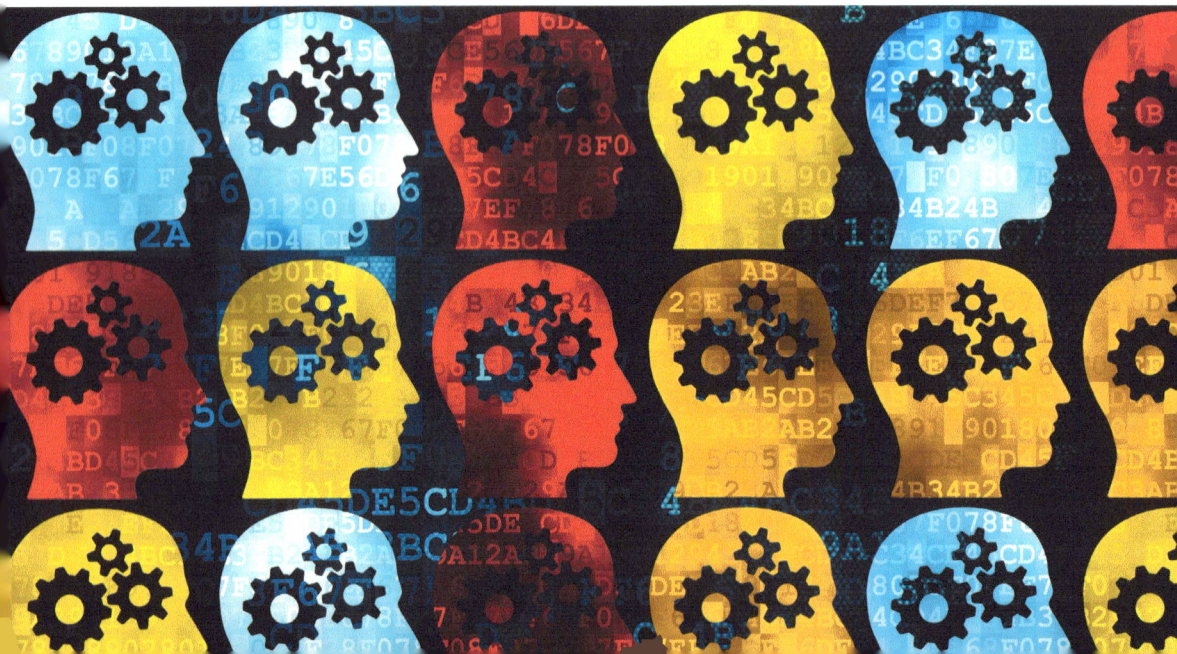

진 않아요. 대신 남들이 무슨 생각을 하는지 굉장히 궁금해합니다. 여러분도 친구들이 무슨 생각을 하는지 늘 너무너무 궁금하죠? 우리가 영화나 소설, 만화에 빠져드는 것도 다 그래서예요. 현실 세계에 존재하는 인물뿐 아니라 가상 세계에 존재하는 인물들의 생각에도 관심을 보이는 거죠.

그런데 사람들이 서로 상대방이 무슨 생각을 하고 있는지 신경 쓰다 보면 어떤 일이 벌어질까요? 내가 다른 사람에 대해서 신경을 쓰듯, 그 사람은 바로 나에 대해서 궁금해하고 있어요. 결국 우리 모두는 서로가 자기 자신에 대해 어떻게 생각하는지 알고 싶어져요. 나는 상대방이 나를 이러저러하게 생각할 거라고 추리하고, 상대방은 내가 상대방을 그러저러하게 생각할 거라고 추리하는 거지요.

이런 일은 흔하게 일어나요. 예를 들어 볼까요? 여러분 모두 가위바위보를 해 본 적이 있을 거예요. 그럴 때 상대방이 무엇을 선택할지 알면 여러분은 늘 이길 수 있겠죠? 만약에 상대방이 가위를 내려고 하면, 나는 항상

주먹을 내면 되니까요. 하지만 상대방은 언제 가위를 내려고 할까요? 당연히 내가 보를 낼 거라고 생각할 때겠죠? "너는 내가 보를 낼 거라고 생각하고 가위를 낼 거야. 그러니까 나는 주먹을 내야지." 하고 말이에요.

　이렇게 가위바위보처럼 단순한 게임을 할 때도, 상대방의 마음을 읽으려면 상대방이 나를 어떻게 생각하는지 알아야 해요. 독심술이란 말 들어 봤죠? 이야기책에 보면 마법사나 고수들이 얼굴만 딱 보고도 상대방의 속마음을 막 알아내고 그러잖아요. 그 정도까진 아니어도 우리는 다른 사람의 얼굴 표정이나 몸짓을 통해 그 사람의 마음을 어느 정도 알 수 있지요. 그렇게 상대방의 마음을 읽다 보면 당연히 상대방이 나를 어떻게 생각하는지 알게 되고, 그러면서 '나'에 관해 점점 많이 생각하게 되지요.

우리는 모두 서로의 마음속에 있어

'나는 네가 좋아. 너는 내가 너를 좋아하는 걸 아는구나! 이제 나는 내가 너를 좋아하는 걸 네가 안다는 걸 알아……' 마치 마주 보는 두 개의 거울 앞에 섰을 때 거울 속에 내 모습이 수도 없이 맺히게 되는 것 같죠? 내 생각 속에는 내 생각 말고도 상대방이 나를 어떻게 생각하는지에 대한 생각, 그 생각에 대한 나의 생각, 다시 그런 나의 생각에 대한 상대방의 생각이 들어 있어요. 이렇게 생각이 꼬리에 꼬리를 물다 보면 자연스럽게 내가 누구인지, 나는 어떤 사람인지 생각하게 되지요.

우리는 다른 사람과 떨어져 혼자서는 살 수 없어요. 인간은 오랜 시간 동안 함께 모여 역할을 분담하고 서로 도우며 살아왔어요. 이렇게 복잡한 사회생활을 하면서 다른 사람의 생각을 올바르게 이해하려 하다 보니 나 스스로에 대한 생각을 하게 됐어요.

실제로 거울 속에 있는 자신을 알아볼 수 있는 동물들은 비교적 복잡한 집단생활을 하는 경우가 많아요. 서열에 따라 하는 일이 다르고 제법 어엿한 무리 생활을 하는 침팬지는 인간처럼 마음이론을 가지고 있어요. 그래서 다른 침팬지들이 무슨 생각을 하는지 알지요. 상대방이 무엇을 좋아하

고 어떤 행동을 할 것인지 추리하는 마음이론이야말로 가장 수준이 높은 지능이라고 할 수 있어요.

그래요. 우리가 높은 지능을 가진 건 다른 사람들의 마음을 이해하고 올바른 선택과 행동을 하기 위해서예요. 내가 누구인지 궁금해하고, 자기 자신을 이해하려고 애쓰는 것도 결국 다른 사람들과 함께 잘 살아가기 위해서랍니다.

선택을 잘하기 위한 선택, 메타선택

우리는 앞에서 올바른 행동을 선택하기 위해 유전자와 뇌가 비밀스러운 계약을 맺었다는 걸 배웠어요. 유전자는 뇌가 여러 가지 방법으로 스스로 학습하도록 했지요. 자기 자신에 대해 생각하는 것도 뇌가 가진 학습 방법 중 하나예요. 이처럼 우리는 다양한 문제 해결 방법을 갖고 있지요.

그런데 문제 해결 방법이 여러 개면 피할 수 없는 곤란한 일이 생겨요. 바로 여러 가지 해결 방법들 중에서 어떤 방법을 고를까 하는 문제죠. 예를 들어 간식을 먹을 때를 한번 생각해 봐요. 여러분 대부분은 자기가 가장 좋아하는 간식이 있을 거예요. 그것은 아마 강화에 의해서 학습이 되었을 거예요. 강화는 한 번 일어난 행동을 반복하게 만드는 자극이잖아요? 전에 그 간식을 먹었을 때 정말 맛있었고, 그래서 또 찾아 먹었고, 그렇게 먹다 보니 가장 좋아하는 간식이 되었을 테니까요.

하지만 우리가 간식을 고를 때 항상 이전에 맛있게 먹었던 것만을 고르지는 않잖아요? 어떨 때는 처음 보는 새로운 과자를 호기심에 먹어 보기도 하고, 또 어떨 때는 부모님이나 친구들이 권하는 것을 먹어 보기도 하지요. 간식을 고르는 일처럼 비교적 간단한 문제를 해결할 때도 사용하는 방법이 그때그때 달라져요.

다양한 문제 해결 방법들 중에 하나를 고르는 것을 메타선택이라고 해

요. 아마 여러분은 메타선택이라는 말을 들어 본 적이 없을지 몰라요. 그렇지만 여러분은 이미 메타선택을 하고 있었답니다. 여러분의 뇌가 알아서 그 일을 해결해 준 거라고 볼 수 있지요. 메타선택은 인간의 지능이 가진 아주 중요한 특징이에요. 인간은 심지어 그렇게 고른 자신의 해결 방법이 얼마나 정확한지, 자신이 한 선택이 얼마나 올바른 것인지 늘 생각하고 또 생각합니다. 앞으로 인공지능이 발전하면 인간만이 가진 이런 능력을 깊이 탐구하는 일이 꼭 필요해요. 그런 이유로 인간의 지능을 이야기하면서 메타선택 이야기를 안 하고 넘어갈 수가 없었답니다.

메타

단어 앞에 붙어서 '~에 대한' '~을 넘어선'을 뜻하는 말을 만들어요. 메타만화는 만화에 대한 만화, 메타기억은 기억에 대한 기억이 돼요. 메타기억은 내가 무엇을 기억하고 무엇을 기억하지 못하는지를 아는 거예요.

이야기를 마치며

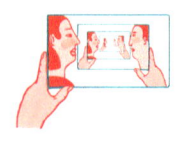

여러분은 이제 지능이 어떻게 생겨났는지 알게 되었을 거예요. 동물들이 위험한 일들을 피하고, 먹이를 구하고, 원하는 것을 빨리 얻기 위해 근육세포와 뇌를 발전시켜가면서 더욱 높은 지능을 갖게 된 과정도 함께 봤고요. 무엇보다 지구의 모든 생명체가 나름대로 각각 다른 모습의 지능을 갖고 저마다 열심히 살아가고 있다는 것을 잘 알게 되었을 거예요.

복잡한 사회 속에서 살아가며 남들의 생각을 더 잘 이해하기 위해 마음 이론이 생겨났고, 그 덕분에 자기 자신에 대해 생각할 수 있는 능력까지

갖게 되었다는 것도 배웠어요. 제 이야기가 어쩌면 조금 어려웠을지도 몰라요. 하지만 저는 여러분들이 인공지능과 뇌의 비밀에 관한 이야기를 들으며 새롭고 놀라운 사실을 많이 발견했으리라 믿어요.

저는 여러분이 이 책을 덮은 후에도 "나는 다양한 문제 해결 방법을 갖고 있다!"라는 사실을 꼭 기억했으면 좋겠어요. 인간과 동물은 문제를 한 가지 방식으로만 해결하지 않아요. 그때그때 상황에 따라 가장 적절한 학습 방법, 가장 좋은 문제 해결 방법을 사용할 수 있는 능력이 있기 때문이에요. 어떨 때는 강화와 처벌에 의존해서 문제를 해결하기도 하고, 어떨 때는 그와 상관없이 미리 쌓아 둔 지식과 상상력을 이용해서 문제를 해결하기도 하지요.

저는 지능이란 생명체가 살아가기 위해서 여러 가지 복잡한 문제를 해결하는 능력이라고 했어요. 여러분도 이제는 그렇게 생각하죠? 우리가 살

아가는 세상에서 지능이 해결해야 할 문제는 미리 정해져 있지 않아요. 문제가 미리 정해져 있다면 해답도 미리 정해져 있을 것이고, 그렇다면 문제를 해결하는 능력인 지능도 필요하지 않았겠지요.

앞으로 여러분들이 살아가는 동안 어떤 문제에 부딪히게 될지는 아무도 몰라요. 그러니 미리부터 모든 문제를 꼭 한 가지 방법으로만 해결해야 한다고 고집하지 않기를 당부하고 싶어요. 학교 공부를 무시하지도 말고, 호기심과 상상력을 억누르지도 말고, 특별히 흥미 있고 재미있는 게 있으면 전문가가 되겠다는 마음으로 푹 빠져 보는 것도 나쁘지 않답니다.

자, 이제 정말 마지막 이야기를 들려줄 차례네요.

여러분은 지금과는 다른 새로운 미래를 살아갈 거예요. 하지만 겁먹을 필요도 없고 남들보다 뭘 더 준비할 필요도 없어요. 단지 나만 잘하면 되고, 나만 잘되면 된다는 생각을 버리는 것으로 충분해요. 우리가 남과 자신을 구별할 수 있는 능력을 갖게 된 것도 다른 사람들과 서로 도우며 잘 어울려 살기 위해서였어요. 여러분을 포함해 그 누구라도 다른 사람들이 무슨 생각을 하는지, 다른 사람들이 무엇을 좋아하는지 그런 생각을 하지 않고는 살 수 없어요.

물론 다른 사람들과 잘 어울려 지내는 것이 그리 쉬운 일만은 아니에요.

그래서 우리 뇌는 끊임없이 다른 사람들의 말과 행동을, 다른 사람들과 있었던 일을 생각합니다. 혼자 걷고 혼자 음악을 듣고 혼자 영상을 볼 때조차도 뇌는 우리가 다른 사람들과 더 잘 지낼 수 있는 방법을 찾고 있는 거죠. 인간의 뇌와 지능은 그토록이나 사람과 사람 사이를 강력하게 연결시켜 주는 역할을 하고 있어요.

　뇌와 지능이 남들과 나를 연결해 주고 있다는 걸 마음 깊이 이해하면, 다른 사람들과 이야기를 나누고 함께 어울리는 그 모든 일들이 조금 더 즐겁고 편해질 거예요. 그러길 바랄게요.

우리 머릿속 뇌를 만나 보아요

뇌의 크기

주름진 뇌를 펼치면 약 2500cm²로, 신문을 펼친 넓이와 비슷해요.

뇌의 무게

뇌의 무게는 대략 남자가 1350~1400g, 여자가 1200~1250g 정도예요.

뇌의 부피

뇌의 부피는 약 1350cc로, 1.2L짜리 음료수 페트병 한 병에 반 컵을 더해야 해요.

뇌가 소비하는 에너지

뇌가 소비하는 에너지는 우리 몸 전체가 소비하는 에너지 양의 20%나 돼요.

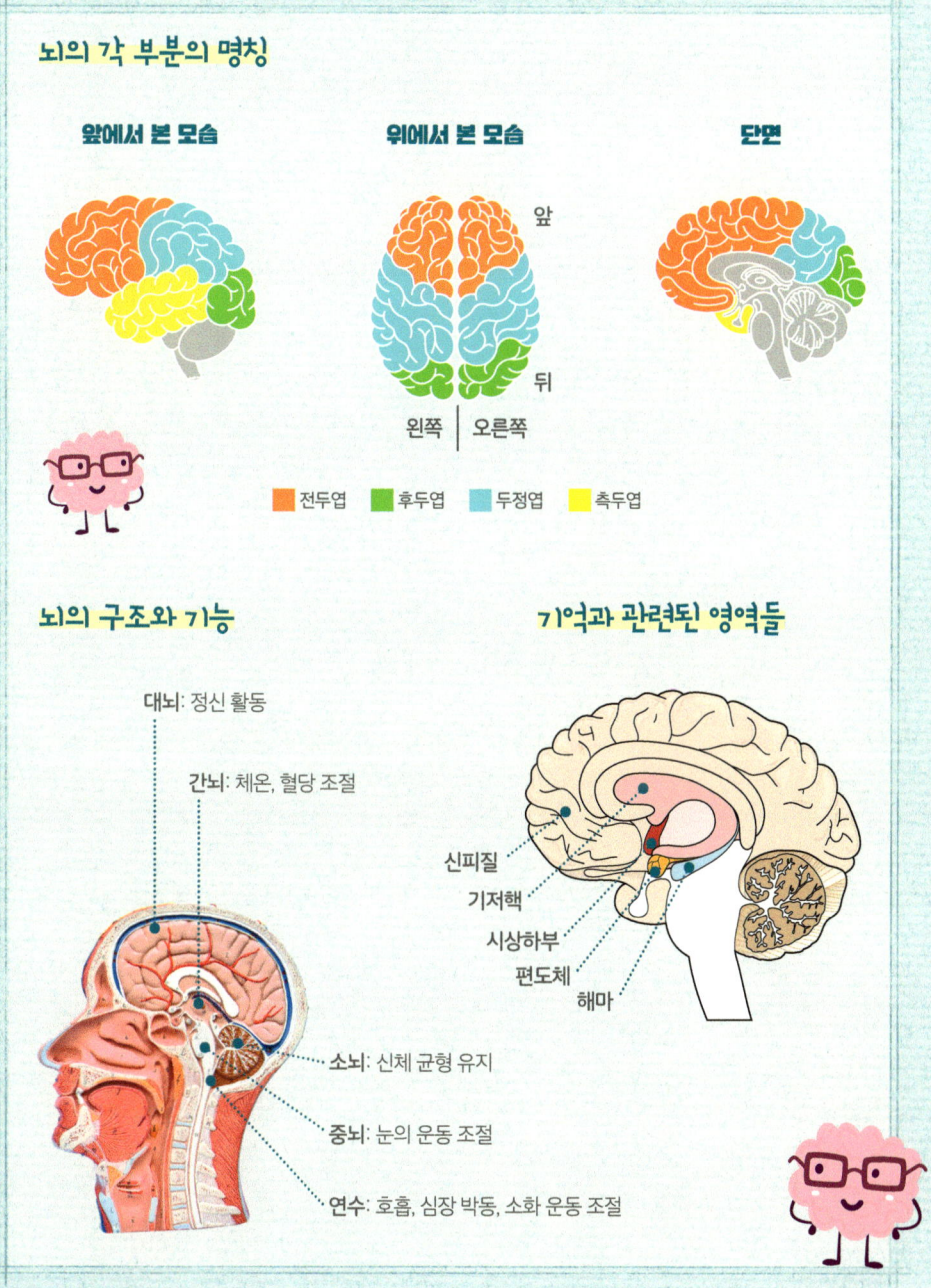